헌금의 기쁨

헌금의 기쁨

앤디 스탠리 | 구지원

사랑플러스

Fields of Gold
Copyright ⓒ 2004 by Andy Stanly.
Korean edition ⓒ 2004 by DMI Press with permission
of Tyndale House Publisher, Inc.
All right reserved.

Used and translated by the permission of Tyndale House Publisher, Inc.
Through the arrangement of KCBS Literary Agency, Seoul, Korea.

Korean copyright ⓒ 2005 by SarangPlus, a Division of DMI Press,
1443-26, Seocho1-dong, Seocho-gu, Seoul 137-865, Korea

이 책의 한국어판 저작권은 저작권자와의 계약으로 도서출판 사랑플러스에 있습니다.
신저작권법에 의해 한국 내에서 보호를 받는 저작물이므로 무단전재와 복제를 금합니다.

"내가 아는 사람 중에 가장 아낌없이 주는 여인,
어머니 안나 스탠리께 바칩니다."

추천의 글

81년 2월, 17만원의 첫 월급을 받고, 하나님께 만 칠천 원을 십일조로 드렸던 기억이 납니다. 20년 이상이 지난 지금은 하나님께서 축복하셔서 20배 이상의 십일조를 드립니다. 솔직히 고백하건대, 지금 더 많은 십일조 드리는 것이 20여 년 전, 만 칠천 원 십일조를 드리는 것보다 부담감이 느껴질 때가 있습니다.

"돈을 많이 벌면 십일조를 하겠다."는 분들이 계십니다. 돈이 많아지면 헌금하기가 더 쉬울 것이라고 생각합니다. 제 경험에 의하면 그것은 사실이 아닙니다. 그 이유는 미래에 대한 불확실성 때문에 그렇습니다. 만 칠천 원은 있으나 없으나 별 차이가 없습니다. 그러나 금액 단위가 커지면 혹시 무슨 일이 생겼을 때, 요긴하게 사용할 수 있는 돈이 됩니다. 돈이 커지면 힘이 생기기 때문에 더 드리기가 어려워집니다.

하나님께서는 첫 열매를 하나님께 드리라고 말씀하고 계십니다(잠 3:9, 출 23:19). 그런데 처음 익은 열매를 드리는 것은 그렇게 쉬운 일이 아닙니다. 그 이유는 두려움 때문입니다. 당시에는 천재지변이 빈번하였기 때문에 첫 열매가 맺혔다고 그 다음 열매가 다시 열린다는 보장은 없습니다. 처음 익은 열매를 여호와께 드리고 난 후, 태풍이 불어 소산이 다 날아 가 버린다면 굶게 될 수도 있습니다. 이처럼 첫 열매를 드리는 것은 우리의 믿음을 요구합니다.

『헌금의 기쁨』, 이 책에서는 그리스도인들이 하나님께 헌금을 드리며 누리는 축복에 앞서, 헌금할 때 우리가 알게 모르게 느끼는 두려움과 불안감에 대해 기술하고 있습니다. 특히 목사이지만 본인이 느꼈던 불신앙과 같은 돈에 대한 이러한 불안감들을 솔직하게 고백하고 있어 깊은 공감을 불러일으킵니다.

이전의 책들은 헌금 후에 받는 축복을 강조하는 경향들이 많은 반면, 이 책은 헌금할 때 겪는 심적인 불안감을 더 실감나게 기술하고 이를 극복하라고 말합니다. 그렇기에 이 책은 제목과 달리, 누리는 "헌금의 기쁨"이라기보다는 극복해야 할 "헌금의 고통"을 더 강조하고 있습니다.

 헌금은 가장 기초적으로 우리의 믿음을 요구하고 있습니다. 믿음은 일상적인 상식과는 다릅니다. 그렇기에 저자 스탠리 목사님은 "새로운 거래"로써 "씨를 뿌리는 훈련"을 하라고 말합니다. 새로운 관점에서 훈련하라는 것입니다.

 하나님과 우리의 입장을 바꾸어 생각해 봅시다. 우리가 십일조를 할 때, 10원 중에 1원이 나간다고 생각합니다. 그런데 받으시는 하나님께서는 어떻게 생각하실까요? 십일조는 10분의 1만이 하나님의 것이 아니라, 10분의 10 모두가 하나님의 것이라는 믿음의 표현으로 받으신다는 것입니다. 하나님께서는 이러한 믿음의 표현을 정말 기뻐하신다는 사실입니다. 그렇기에 성경은 "여호와께서 복을 주시므로 사람으로 부하게 하시고, 근심을 겸하여 주지 아니하시느니라"(잠 10:22)고 하나님의 심정을 표현하고 있습니다.

 헌금은 희생입니다. 그렇기에 어렵습니다. 하나님께 드

리는 것이 축복의 비결임을 배우지만, 실천은 여전히 어렵습니다. 가장 잘 드릴 수 있는 비결은 맨 먼저 하나님의 몫을 떼어 놓는 것입니다. 그러면 내 돈이 아니기 때문에 하나님과 이웃에게 쉽게 드릴 수 있습니다.

하나님께서는 우리의 연약함을 잘 아시기 때문에 "첫 열매"를 하나님께 드리라고 말씀하고 계신 것입니다. 아무쪼록 월급날, 하나님의 몫을 가장 먼저 첫 열매로 떼어 드리는 귀한 축복과 기쁨을 진정 원하는 모든 이들에게 이 책을 추천합니다.

조성표 (경북대학교 교수, DEW 실행위원장)

서문

어릴 적, 헌금하는 것은 간단한 일이었다. 나는 아주 어렸을 때부터 1달러를 받으면 10센트는 헌금 주머니에 넣어야 한다고 배웠다. 다른 생각은 해 본 적이 없었다. 나는 헌금이 돈을 활용하는 방법 중의 하나라고 믿으며 자랐다. 그래서 헌금은 쉬운 일이었다. 게다가 내가 진짜로 돈을 벌고 있었던 것은 아니었기 때문에, 나는 헌금에 대해서 어떤 두려움도 느끼지 않았다. 헌금이 내 삶의 질을 위협할 수도 있다는 염려는 정말이지 단 한 번도 생각해 본 적이 없었다. 나에게는 항상 먹을 것과 좋은 옷이 풍부했었다.

그러나 시간이 흐르고 내 수입이 늘어가자, 헌금할 때마다 나는 약간의 망설임을 경험하게 되었다. 나는 여전히 1달러마다 10센트씩 헌금하고 있었다. 하지만, 이제는 한번에 내는 액수가 수백 달러, 혹은 수천 달러에 달했다. 그러자 조금은 다른 문제로 보였다. 그렇게 커 보이는 액수의 수표를 끊을 때마다 다음과 같은 염려가 내 마음을 사로잡곤 했다. 다른 일에 이 돈이 필요하게 되면 어떻게 하지? 예상치 못했던 지출이 생기면 어떻게 하지? 이렇게 많은 돈을 헌금하는 사람이 있기나 할까?

이런 내적 싸움이 내가 고정된 비율로 헌금하는 것을 막지는 못했지만, 헌금할 때의 기쁨을 빼앗은 것은 분명하다. 내가 주저하는 이유를 분석해 본 결과, '탐욕'은 아니었다. 그것은 '두려움'의 문제였다. 어느 새 나는 헌금을 두려워하는 사람이 되어 있었다. 나는 바닥까지 내려왔다. 내가 오랫동안 지켜왔던 믿음, 즉 하나님은 '스스로 있는 자'라고 말씀하신 분이자 '약속하신 것을 반드시 이루시는 분'이라는 믿음에 대한 신뢰를 잃어가고 있었다. 매월마다 수입과 지출을 맞춰야 한다는 압박감이 커가자 하나님, 하나님의 신실하심, 그리고 하나님의 재산을 맡은 청지기로서의 나의 역할에 대한 생각이 어리석게 여겨지기 시작했다.

그리고 그 생각이 나 혼자만의 고민이 아니라는 사실도 발견했다. 많은 신자들에게 기꺼운 마음으로 드려야 할 헌금이 두려운 마음으로 드리는 헌금이 되어 있다는 사실을 깨달았다. 우리는 우리의 소유로 하나님의 나라를 받들어야 한다는 것에 반대하지 않는다. 그리고 정말이지 탐욕스럽지도 않다. 하지만 우리는 염려한다. 우리가 먼저 자신의 필요를 돌보지 않으면 그 필요는 결코 돌보아지지 않으리라는 염려 말이다.

그러나 성경의 증언이나 수많은 신자들의 경험은 우리의 염려와는 정반대의 대답을 한다. 하나님 나라를 위해 드린 헌금과 관련해서는 어떠한 두려움도 어리석다. 마치 씨를 잃어버릴까봐 밭에 씨를 뿌리지 않는 농부와 같다. 이 이야기가 너무 터무니없이 들리는 걸 알면서도, 많은 사람들이 다가올 추수를 위해 하나님의 의도대로 뿌려져야 할 재정적인 씨를 몰래 감추는 죄를 범한다. 그 이유가 바로 두려움 때문이다.

씨를 뿌리고 거두는 법칙은 우리의 재정에도 적용된다. 넉넉하게 씨를 뿌린 사람은 넉넉한 수확과 풍성한 보상을 예상할 수 있다. 미래에 대한 염려 때문에 헌금을 제한하는 것은 전혀 이치에 맞지 않는다. 그럼에도 불구하고 우리에게는 망설여지는 두려움이 있고, 이 두려움은 우리에게서 기쁨을 빼앗아간다. 하지만 그보다 더 나쁜 것은 이 두려움이 '우리는 안에, 하나님은 밖에' 가두는 식으로 우리가 재정문제를 처리하게 만든다는 것이다.

이 책은 우리로 하여금 헌금에 대한 이와 같은 어리석은 두려움을 떨쳐버리게 할 것이다. 예수님의 말씀을 공부할 것이고, 오늘날 그 말씀을 따르는 사람들의 삶도 살펴볼 것이다. 이러한 과정을 통해 넉넉한 헌금이 하늘에 계신 아버지를 재정문제에 관여하시도록 초청하는 것임을 깨닫게 될 것이다. 하나님이 관여하시면, 헌금에 대한 두려움을 단번에 벗어날 수 있는 약속이 따라온다. 하나님은 넉넉히 씨 뿌리는 자에게는 평생토록 충분한 씨를 계속해서 넉넉히 뿌릴 수 있도록 재공급하시겠다고 약속하신다.

그 결과는 무엇인가?

이 땅에서의 삶뿐만 아니라 앞으로 오게 될 삶에서 펼쳐질 '황금들녘'이다.

목차

추천의 글 _ 6

서문 _ 10

바람속의 먼지 _ 17

커져가는 야망 _ 29

자리 바꾸기 _ 55

새로운 거래 _ 77

씨 뿌리기 수업 _ 95

이것을 두려워하라 _ 119

헌금의 기쁨 _ 135

에필로그 _ 144

바람 속의 먼지

서쪽 하늘이 어둑어둑해지고 있었다. 몇 분 후면 오클라호마 주 팬핸들 지역 전체가 굽이쳐 오는 암흑 속에 빨려 들어갈 것이다. 제레미아 클래리(Jeremiah Clary)는 익숙한 솜씨로 젖은 넝마조각을 돌돌 말아서 문틈을 메우기 시작했다. 이 특별한 오후, 그 소용돌이 바람이 제레미아가 있는 방향으로 엄청난 무게의 표토층을 이동시키고 있었다. 아주 조금만이라도 창문을 열게 되면 집 안의 모든 표면에 딱딱한 먼지 층이 생기게 될 것이다.

클래리의 가족은 풍성한 작물과 끝없이 펼쳐진 비옥한 밀밭에 대한 약속에 매력을 느껴 이곳 남부 평원으로 이주했다. 그리고 얼마 동안, 이 지역이야말로 그들이 찾던 바로 '그곳'이었다. 그러나 1920년대를 지나면서 야망에 부푼 수천 명의 사람들이 이주해 왔고, 잡초만 무성했던 엄청난 넓이의 초원을 개척해서 그들의 미래를 심었다. 대공황은 더 많은 사람들을 서부로 내몰았고, 그들은 주저 없이 미국 심장부의 천연 금광(개척된 농경지를 말함 - 역주)을 개발했다. 결국 1931년에 비가 멈췄다. 1억 에이커 이상의 홉 경작지가 그들의 꿈과 함께 작렬하는 태양 아래 말라 붙었다. 그러나 그것은 황폐함의 참상을 보여 줄 서곡에 불과했다. 남부 평원에는 표토층을 붙잡아줄 만한 것이 아무것도 없기 때문에 서부 평원에서는 온순했던 바람도 이곳에 오면 헐거워진 흙 알갱이를 하나하나 긁어모아 거대한 모래폭풍을 만들었다.

설상가상으로 무자비한 태양이 노출된 토양 위로 쏟아져 내리자 그 지역 전체가 흙으로 된 아궁이로 변했고 폭풍의 기세는 훨씬 더 맹렬해졌다. 흙, 바람, 불의 심상치 않은 조합이 종말 때의 진노와 같은 상황을 낳았다. 먼지 구름이 수마일의 높이까지 솟아올라서 눈에 보이는 모든 것을 평평하게 만들었다. 비옥한 표토층이 1인치 퇴적되는 데 수천 년의 세월이 걸렸건만, 바람에 날아가 버리는 것은 단 몇 분이었다. 그 소동이 지나가고 나면 어깨 높이로 자랐던 밀은 흔적도 없이 사라졌다. 수톤의 흙이 울타리와 건물과 죽어가는 가축들 위에 쌓였다.

가뭄은 10년 동안 계속되었다. 매년 1에이커 당 8톤 정도의 흙이 사라졌다. 그럼에도 불구하고 제레미아 클래리 같은 농부들은 머지않아 다시 비가 오리라는 확신을 버리지 않았다.

원 모양으로 5개 주에 걸쳐 있는 그 지역에서 8억 5천만 톤 이상의 토지가 손실되었다. 그 지역을 통과해 지나가던 한 기자는 그곳을 가리켜 거대한 '먼지 구덩이' 같다고 말했다. 그것은 정말 인상적인 비유였다.

제레미아는 기름등잔에 불을 붙였다. 그의 집 전체가 검은 돌풍의 맹렬한 습격에 진동하고 있었다. 그가 지난주에 뿌렸던 34달러어치의 특별한 혼합종자 '터키 레드'가 그의 머리 위 하늘 어딘가에 있을 것이다. 그리고 이제 검은 돌풍은 미주리 주를 향해 가고 있었다.

제레미아는 밭에 씨를 뿌릴 때마다 한 달 치 월급을 씨앗에 투자했다. 그런데 지난 5년 내내 한 푼의 수입도 얻지 못했고, 이제는 더 이상 그 일조차 감당하지 못할 지경에 이르렀다. 제레미아는 만약 용기를 내서 작물을 심는다고 해도 또다시 싹 쓸려 가버리면 어떻게 하나에 대해 염려하게 되었다.

제레미아는 자기와 같은 처지에 있는 수많은 농부들과 마찬가지로 좀처럼 경험하지 못했던 '두려움'과 싸우고 있었다. 만약 예년처럼 정상적인 재배 기간이었다면, 파종해야 할 시기에 씨를 저장하려는 것은 어리석게 보였을 것이다. 하지만 당시의 상황에 대해 불안해 하던 많은 농부들은 심리적으로 씨 뿌리는 것을 꺼리고 있었다. 만약 또 다른 폭풍이 와서 수확물을 모두 날려버리면… 만약 내 모든 수고가 또다시 싹 쓸려 가버리면 어떻게 하지…만약… 만약…. 제레미아는 그에게 남아 있는 소중한 씨앗 주머니들에 대해 이상한 애착을 갖기 시작했다. 그는 그 주머니들을 창고에 그냥 두면 아무 소용이 없다는 것을 알고 있었다. 하지만 그는 그 주머니들을 거기에 남겨서 저 평원 너머에서 불어올 것이 점점 더 확실해지는 '만약'의 상황들로부터 보호하는 것이 자기에게 더 유익하리라는 느낌을 지울 수가 없었다.

몇 주가 지났고 어떤 농부들은 다시 씨를 뿌리기 시작했다. 뜨거운 여름이 다가오고 있었기 때문에 씨앗이 발아할 수 있는 날이 그리 많이 남아 있지 않았다. 제레미아는 결정을 내리지 못한 채 몹시 조바심이 났다. 만약 조만간 씨를 뿌리지 않는다면 빈약한 수확이나마 얻을 수 있는 기회를 놓치게 될 것이다. 비록 빈약할지라도 그 수확을 가지고 그나마 씨앗 창고는 채울 수 있을 테니 말이다. 하지만 그가 만약 씨를 뿌린다면 모든 것을 잃고 끝나버릴 수도 있다. 제레미아는 남아 있는 씨앗을 확인하기 위해 다시 한번 창고로 향했다. 현실이 그를 압박해 왔다.

제레미아 클래리는 탐욕스런 사람이 아니었다. 그러나 불확실성이 가져오는 엄청난 무게의 압박 때문에 점점 분별력을 잃고 있었다.

풍요의 땅을 버리다

당신과 나도 '먼지 구덩이' 안에서 산다. 우리는 언제 임박한 재난이 재정 전망에 휘몰아쳐서 씨앗 창고를 쓸어 가버릴지 모르기 때문에 매일 스스로를 긴장시킨다. 우리가 사는 세상 속에서 '만약'의 상황들이 여기저기에서 스스로의 존재를 증명하고 있다. 퇴직 연금이 감소한다든지, 예상치 못한 지출이 발생한다든지, 전 세계적인 경제 공황이 발생한다든지 등의 상황이 그렇다. 우리는 젖은 넝마조각으로 포트폴리오의 빈틈을 메워 놓고는 그저 가장 좋은 상황으로 바뀌기만을 바랄 뿐이다.

무엇보다도 우리에게는 생산해야 할 수확물－영적인 수확물－이 있다. 제레미아 클래리에게처럼 우리에게도 하나님 나라에 뿌릴 재정적인 씨앗들이 제한적으로 공급된다. 한때 당신은 비옥한 들녘, 풍요의 들녘에 씨 뿌리는 꿈을 꾸었을지도 모른다. 그러나 현실이 당신에게 가르쳐준 것은 더 신중해야 한다는 것이다. 만약 내가 너무 많이 주는 것이라면 어떻게 하지? 만약 내게 남은 것이 충분하지 않으면 어떻게 하지? 만약…?

우리는 탐욕스럽지는 않지만 제레미아 클래리와 많이 닮았다. 불확실성이 가져오는 엄청난 무게의 압박 때문에 점점 소유물에 대해 분별력을 잃기 쉽다. 우리는 누가 진정한 소유주인가를 잊어버린다. 하나님 나라를 위해 우리의 소유물을 어떻게 나눠야 하는가를 이해하지 못한다. 그래서 이 땅의 삶에서 겪는 재정문제와 관련해서 무엇을 진정으로 두려워해야 할 것인가에 대해 혼란스러워한다. 마치 하나님 나라를 위해 자기 소유물 중에 단지 몇 움큼의 씨앗만을 뿌려놓고는, 영원한 삶에 직면하게 되는 것처럼 말이다.

우리뿐만이 아니다. 세계의 수많은 그리스도인들이 이러한 두려움 때문에 재정문제에 있어 경직되어 있다. 그들은 십중팔구 진심으로 더욱 아낌없이 베풀기를 원한다. 하지만 도중에 불확실성이 끼어들면 현상유지를 위해 그 자리에서 멈춰버린다. 만약 그들에게 두려움이 없었더라면 그들이 하나님 나라를 위해 나눌 수 있었을 그 무언가에 대한 빛바랜 비전만을 가진 채 말이다.

미국에서는 '어떤 형태로든' 교회에 재정적인 후원을 하고 있는 사람들이 전체 교인 수의 절반의 1/3에 불과하다. '어떤 형태로든' 말이다. 게다가 조금이라도 후원을 하고 있는 사람들의 3~5퍼센트만이 수입의 십일조를 드린다.

반면, 교회를 다니는 사람들이 축적한 부는 최고 기록을 경신하고 있다. 세계적인 사역을 위한 기회들이 유례없이 증가함에도 불구하고, 비율로 보면 오늘날의 미국 기독교인들이 교회에 내는 헌금은 대공황 때에 비해서 줄었다.

헌금하는 사람들조차도 자발적이지 못하고 머뭇거릴 때가 많다. 그들은 헌금 주머니가 돌려질 때나 연간 헌금 작정카드를 써야 할 때 반응을 보이기는 한다. 하지만 하나님의 막중한 임무를 성취하기 위해 수중의 모든 것을 내놓을 만큼의 불타는 열정은 그들에게 없다. 그리스도인들은 능동적인 자세보다는 수동적인 자세를 취하기 일쑤이다. 사람들은 헌금하지 않을 때 갖게 될 죄책감을 피하기 위해 마지못해 헌금한다.

대개의 경우, 교회는 그저 교인들에 대한 압력을 높임으로써 반응해 왔다. 교회 리더들이 교묘한 기금조달 캠페인을 만들고, 정성들여 우편물을 발송하고, 거룩한 성소 앞에 커다란 측정표를 달아놓고, 그 목표가 달성될 때까지 문을 잠근다. 그러나 나는 이런 식으로 시장점유율을 확보하려는 모든 노력의 저변에는 교회가 잃어버리고 있는 근본 문제가 있다고 생각한다.

많은 그리스도인들에게 있어서 이 문제는 교회가 브랜드를 인식시키지 못해서 비롯된 문제가 아니다. 그리고 그리스도인들이 너무 욕심이 많아서 헌금하지 않는 문제도 아니다. 나는 많은 사람들의 경우, 그리스도인들 사이에 넉넉한 베풂이 없다는 것이 평범하고도 오랜 두려움의 원인이라고 생각한다.

씨 뿌리기가 두렵다

두려움은 언제나 성장하는 믿음의 주된 적이었다. 두려움은 사리판단을 흐리고 사실을 감춘다. 당신은 하나님이 원하시는 재정 관리법을 잘 알고 있지만, 두려움은 당신을 자신에게만 얽매이게 하거나 혹은 다른 길로 내려가게 만드는 잠재력을 가지고 있다.

두려움과 믿음은 함께 오는 경우가 많다는 사실을 깨닫는 것은 중요하다. 당신이 믿음의 성숙을 추구한다면, 당신은 자연스럽게 잠재적인 두려움에 스스로를 더 많이 노출시키게 된다. 사실상 두려움과 믿음은 평행적이다. 불확실성은 양쪽 모두에게 필수적인 요소이다. 불확실성의 요소가 없다면 믿음은 존재할 수 없다. 보이는 것에 대한 의존도를 낮추고 보이지 않는 것에 대한 의존도를 높이는 법을 배우는 때는 바로 믿음의 순간이다. 믿음은 그 간격을 메워 준다. 하지만 우리가 가장 두려움에 빠지기 쉬운 때도 역시 바로 그 순간이다. 많은 그리스도인들이 어떻게 헌금해야 하는지를 알고 있지만, 그들이 믿음으로 그 간격을 메우기 전에 먼저 두려움이 끼어든다.

성경이 이와 같은 상황에 대해 정면으로 대처하고 있는 것은 우연이 아니다. 성경에는 부족함이 없다. 성경에는 두려움에서 벗어나서 '두려워하는 주인' 보다는 '관대한 청지기' 가 되라는 하나님의 부르심을 깨닫도록 도와주는 구절들이 있다. 예수님은 마태복음 6장 33절에서 우리가 씨앗을 가지고 먼저 그의 나라를 구하면 빈털터리가 되는 것에 대해 두려워할 필요가 없다고 확신시켜 주신다.

> …만일 너희가 그분을 위해 살면서 하나님 나라를 너희의 최고 관심사로 삼으면 그분은 매일매일 너희의 모든 필요를 채워 주실 것이다.

후에 이 책을 통해 발견하게 되겠지만, 하나님은 그 본성상 하나님 나라의 사역을 위한 신실한 통로가 되고자 노력하는 사람들의 창고를 채우신다. 당신이 그분과 동역하게 될 때, 당신은 하나님이 모든 선한 행실에 대해 풍성하게 보답하신다는 것을 신뢰하게 될 것이다. 재산을 하나님의 관점에서 보기 시작하면, 너무 많이 헌금하는 것을 두려워할 것이 아니라 너무 적게 씨 뿌리는 것을 두려워해야 한다는 사실을 깨닫게 될 것이다.

커져가는 야망

목사로서 나의 주된 책임은 사람들이 하늘에 계신 아버지와의 관계에서 더욱 성장해 갈 수 있도록 격려하고 권고하는 것이다. 사실 노스포인트커뮤니티교회(North Point Community Church)의 사명은 사람들이 예수 그리스도와 더욱 돈독한 관계를 맺을 수 있도록 이끄는 것이다. 하지만 그와 더불어 내게는 사람들이 성장할 수 있도록 도와주어야 할 또 다른 영역이 있다. 재정에 대한 청지기 정신이다. 신자인 우리 모두는 우리의 재산을 하나님 나라를 위

해 투자해야 할 책임이 있다.

나는 비록 우리 눈에 보이시지는 않지만 아무런 조건 없이 우리를 사랑하시는 하나님과의 관계에 투자해야 한다는 주장에 대해 반대하는 사람을 만나본 적이 없다. 하지만 내가 그들이 어렵게 번 돈을 헌금해야 한다고 주장하면 종종 브레이크 등이 켜지기도 하고, '만약'의 상황들이 마치 봄비와 같이 그들 위에 쏟아져서 내가 불붙일 수 있는 모든 열정의 불꽃을 꺼버리기도 한다.

내가 목사라는 사실이 나의 동기를 의심하게 만들 여지를 남긴다는 것도 안다. 당신이 살아오는 동안 목사에 대해 나쁜 경험을 했을 가능성도 충분히 있고, 설상가상으로 당신의 돈과 관련해서 목사에 대한 나쁜 경험이 있을 수도 있다. 다행인 것은, 나는 당신의 돈을 원하지 않는다는 것이다. 당신은 이 책의 어디에서도 내가 담임하는 교회의 주소가 찍힌 봉투를 발견할 수 없을 것이다.

게다가 이 책은 당신이 출석하는 교회에 십일조를 내라는 내용의 책도 아니다. 내가 이 책을 쓰는 목적은 당신을 퍼센트 개념에서 해방시키고 "하나님은 먼저 그와 그의 나라를 찾는 사람들에게 보답하는 분이시다."라는 전제 위에 세워진 삶을 당신에게 소개하기 위해서이다. 일단 그 두 가지 진리가 당신의 사고방식에서 최우선과 중심이 되면, 헌금에 대한 두려움도 사라질 것이다. 그러면 당신은 두려움 없는 자유함으로 헌금하는 스릴을 경험하게 될 것이다.

베풀기 위해 태어나다

나는 모든 그리스도인이 밀턴 스캇(Milton Scott)처럼 두려움이 없었으면 좋겠다. 그는 내가 만났던 누구보다도 두려움 없이 헌금하는 사람이다. 대체로 '밀턴 씨'는 내가 자랐던 지역의 풍경과 말없이 조화를 이루었다. 하지만 그의 이야기는 그 내부 깊숙이 '전설'이 될 만한 자질을 충분히 갖추고 있었다.

밀턴 스캇은 106세의 나이로 세상을 떠날 때까지 열 명의 사람이 겪어도 부족했을 인생을 살았다. 그는 1895년에 태어나 3세기를 살았다. 그는 라이트 형제가 그들이 만든 첫 비행기로 시험비행을 하는 것을 보았다. 스페인-미국간의 전쟁 영웅인 듀웨이(Dewey) 제독의 승전행진에도 참석했다. 제2차 세계대전 중에는 흑인 병사들로 구성된 미군부대를 지휘해서 프랑스 최고의 훈장인 '레지옹도뇌르'

(the Legion of Honor)도 받았다. 그에게는 사랑스런 아내와 네 딸들이 있었다. 늙어서는 매일 산책을 했는데, 어느 날 저녁 총을 든 강도를 만났을 때에는 협상할 의사가 없으니 하고 싶은 대로 쏘라고 말했다. 밀턴 스캇은 전 생애 동안 교통수단이 말과 마차에서부터 우주왕복선으로까지 발전하는 것을 지켜보았다.

사업 면에서도 밀턴은 여러 기회들을 만났다. 젊은 시절에는 애틀랜타 주의 캔들러(Candler) 가문과 결혼을 매개로 인연을 맺었다. 스캇 가의 두 자매들이 캔들러 가의 두 형제들과 결혼하게 되었기 때문이다. 투자자들이 아사 캔들러(Asa Candler)가 홍보하고 있는 새로운 음료의 보급과 홍보를 서로 끌어가려고 하는 동안에도 밀턴은 시큰둥했다. 나중에 이 이야기를 회상할 때마다 그는 그냥 어깨를 으쓱하며 이렇게 설명했다. "난 아사 캔들러의 코카콜라로부터 눈곱만큼도 원하는 게 없었어."

밀턴 스캇에게는 자신만의 삶이 있었다. 그는 25세부터 102세까지 성공적으로 섬유공장을 운영했다. 영국 재벌에게 그 회사를 팔 때까지 말이다. 밀턴 스캇은 경영 일선에서 손을 떼었을 때조차도 정규적으로 회사를 위해 기도했다.

밀턴과 관련된 이야기 중에 가장 놀라운 것은, 아마도 그가 받은 '하나님 나라에의 소명'과 관련된 이야기일 것이다. 그는 남에게 주기 위해 태어났다. 더 구체적으로 말하면, 그는 하나님의 말씀을 갈급해 하는 사람들의 손에 그 말씀을 쥐어 주어야 한다는 소명을 느꼈다. 그는 성경을 보급할 수 있는 기회를 얻게 된 것보다 더 큰 기쁨을 맛보지 못했다. 그는 이것을 가리켜 '프로젝트'라고 불렀다.

밀턴은 자기 자신을 위해서는 매우 빈약한 생활양식을 작정했다. 그는 통상적으로 옷장 속에 네 벌의 양복, 네 켤레의 구두, 여섯 개의 흰 셔츠만을 갖고 있었다. 평범한 미국 차를 몰았고 10년에 한번 차를 바꿨다. 그는 1920년에 신부를 위해 지어주었던 집에서 평생을 살았다. 현대식 부엌도, 저쿠지 욕실(거품 목욕을 할 수 있는 현대식 욕조-역주)도 없었다. 심지어 그가 90대가 되었을 때 그의 집에 숙식하는 간호사가 편의를 위해 창문형 에어컨을 요구하기 전까지는 에어컨도 없었다.

밀턴의 일상을 돌아보면, 그는 베이컨으로 아침식사를 한 뒤 좋아하는 의자에 앉아 한두 시간가량 성경을 읽었다. 밀턴은 평균적으로 일 년에 네다섯 번씩 성경을 통독했는

데, 이것은 그가 80년 동안이나 유지해 온 속도이다. 성경 읽기가 끝나면 그가 관리하는 공장과 기도 처소로 가기 위해 잠깐 동안 차를 탔다. 밀턴은 햄버거, 조지아 불독 풋볼, 그리고 농담을 즐겼다. 그는 삶에 대한 열정을 가지고 단순한 삶의 균형을 맞추는 데 능숙했다.

수입이 늘어날 때 대부분의 사람들이 보이는 반응과는 달리, 그는 자기의 생활양식을 향상시키지 않았다. 하지만 헌금 주머니가 돌려질 때에는 20달러를 놓고 망설이지 않았고, 그에게 사역을 후원하는 것은 최우선순위였다. 그래서 그는 헌금했다. 그는 비밀리에 자신의 수익을 나누어 전 세계에 흩어져 있는 하나님의 이익을 위해 투자했다. 그 과정에서 많은 자선 사업가들이 꿈만 꾸고 있던 많은 일들을 성취해 갔다.

밀턴 스캇은 '철의 장막'이 무너지기 이전에 수천 권의 성경을 러시아로 밀반입하는 것을 도왔다. 그는 혼자 힘으로 남미의 평신도 설교자들을 세우는 사역을 위해 모금했다. 또한 연속 2년간 방글라데시에 최대의 원조물자를 보냈던 사람 중의 하나였다. 그는 혼자 힘으로 30개 이상의 위클리프 성경 번역본들을 인쇄하고 보급하는 일도 담당했다. 중국, 이집트, 인도, 중앙아메리카 등의 수많은 지역에서 수많은 사람들이 처음으로 성경을 볼 수 있게 된 것은 그의 비전과 관대함 때문이었다. 뿐만 아니라 과부와 고아를 돌보라는 부르심을 문자적으로 받아들여서 과부 사역을 후원했고 부모가 돌아가신 여러 아이들의 대학 등록금을 주었다.

밀턴은 자기가 도우려고 생각하는 사역의 내부 현장을 조사하기 위해 도우미들을 파견했다. 하나님이 그의 책상 위에 적합한 프로젝트를 올려놓으시고 돈을 그의 통장계좌에 넣어주시기만 하면, 그는 베푸는 사업에 착수했다. 그에게 일 년에 두세 차례 통장 잔액이 0이 되는 것은 자연스런 일이었다. 말년에는 부동산을 맡고 있던 조카가 돈이 떨어지면 그에게 알려 주곤 했는데, 통장이 다시 채워질 때마다 베푸는 사업도 다시 시작되었다.

밀턴은 우리 모두가 두려워하는 '만약'의 상황들에 무감각한 듯 보였다. 그러한 상황들이 별로 발생하지 않기 때문이 아니었다. 그는 세계대전을 겪었으며, 대공황에서도 살아남았다. 그는 대가족을 거느려야 했고 자기 자신에 대한 많은 걱정거리들에도 불구하고, 그는 베푸는 기쁨에 빠져서 황홀해 했다. 그는 비상자금을 모으지 않았고, 주식시장을 주시하지도 않았다. 그는 그저 베풀고 또 베풀었다.

밀턴 스캇이 생전에 지켰던 철저한 비밀유지 원칙 때문에 아무도 정확하게 얼마의 돈이 그의 손을 거쳐갔는지를 알지 못한다. 보수적으로 측정해 보았을 때, 최소한 수입의 70~80퍼센트였을 것으로 추정한다. '최소한' 말이다. 그는 평생토록 간신히 중산층에 속할 정도의 최소 생활양식을 유지했다.

출발점 찾기

밀턴 스캇의 이야기는 사물을 바른 관점에서 보게 해준다. 우리가 별 생각 없이 '관대하다', '자기 희생적이다'와 같은 단어들을 입 밖으로 내뱉기 전에 다시 한 번 생각하게 만들어 준다. 어떤 이들은 밀턴이 극단적이라고 생각했지만, 우리는 그가 매우 신중하게 베풀었다는 사실에 전적으로 동의할 수 있다.

더 깊이 들어가기에 앞서 이제 우리 자신을 돌아보도록 하자.

밀턴 스캇의 이야기를 읽으면서, 당신은 스스로에 대해

조금이나마 생각해 보았는가? 도전을 받았는가? 마음이 찔렸는가? 낙담했는가?

나는 나 자신에게 묻는 질문을 당신에게도 묻고자 한다. 만약 밀턴 스캇이 자기 수입의 대부분을 남에게 주고 에어컨도 없이 남부에서 살 수 있었다면, 우리가 평생 동안 베풀 수 있는 합리적인 액수는 얼마나 될까?

하나님 나라의 사역을 위해 50퍼센트는 베풀 수 있지 않겠는가?

물론, 다소 높을지도 모르겠다. 하지만 30~40퍼센트는 분명 합리적으로 들리지 않는가? 내 말은, 당신이 그 수준에서도 에어컨과 같은 사치품을 충분히 감당할 수 있으리라는 말이다.

20퍼센트는 어떠한가?

10퍼센트는?

이제 내가 고백할 것이 있다. 내가 밀턴 스캇의 이야기를 당신에게 해준 목적은 당신을 시험해 보기 위해서였다. 내가 제기한 도전 역시도 그 시험의 일부였다. 이제 당신이 어떻게 반응했는지 함께 살펴보도록 하자.

평범한 우리는 우리의 재정 중에서 지나치게 많은 부분

을 베풀어야 한다는 생각 자체가 두려움을 만들어 낸다. 더 많이 베풀라는 도전을 받을 때, 당신은 어떤 감정을 느끼게 되는가? 아마도 더 많이 베풀기 위한 방안들을 떠올리거나, 희생을 결심하거나, 생활양식의 변화를 고려하게 될 것이다. 두려움의 기미가 보이는가?

여기에 당신을 두렵게 할 만한 생각이 있다. '만약 하나님이 당신에게 안락한 생활을 하지 못할 수준으로 베풀라고 요구하시면 어떻게 하겠는가?' 당신은 겁을 내겠는가? 교묘한 변명으로 발뺌하거나 불가능한 일로 생각하고 잊어버리겠는가? 그러면서 하나님이 당신을 성공하게 만드신 첫 번째 이유였던 '추수'할 기회를 놓치겠는가?

당신도 알다시피, 우리가 하나님의 초청에 두려움으로 응답하면 '충성된 청지기'라는 칭찬을 잃어버리게 되고, 믿음으로 씨를 뿌리면 영원한 수확물을 얻게 된다. 당신이 두려움으로 움츠러들면 텅 빈 밭을 낳게 된다.

시간이 지날수록, 우리에게 이런 도전들이 올 때 우리의 방식을 합리화하는 데 익숙해지기 때문에 결국 우리의 감각이 마비되고 만다. 그렇게 되면, 밀턴 스캇과 같은 이야기의 가치를 떨어뜨려서 그저 이룰 수 없고 불가능한, 극단적 행동으로 간주하기 쉽다. 마더 테레사의 삶, 바울 사도의 삶, 그리고 우리로서는 결코 이룰 수 없을 것 같은 삶을 같은 범주에 묶어버린다. 우리는 그들을 동경하면서도 분명히 그들과 같이 되려고 하지는 않는다. 당신은 어떤가?

이 문제를 넘어가기 전에, 더 많이 베푸는 것에 대해 당신이 어떻게 생각하는지를 짚어보기 바란다. 더 많이 베푸는 것을 생각하면, 거북하게 느껴졌는가? 겁이 났는가? 내가 그 퍼센트들로 도전했을 때 당신의 마음속에 어떤 생각이 떠올랐는가? 어느 수준 이상으로 베풀 수 없는 이유를 설명하는 목록이 당신에게 떠오르기 시작했는가? '만약'의 상황들이 떠올랐는가?

누구나 베풀기 시작할 때, 출발점이 있다. 그것이 어떤 개념이건 간에, 노력 없이 줄 수 있는 수준과 우리를 불편하게 만드는 수준이 있을 것이다. 당신이 하나님 나라를 위해 어느 정도까지 멀리 나아가기를 원하든지에 상관없이 당신은 조만간에 벽에 부딪히게 될 것이다. 그 벽은 바로 두려움이다. 당신이 두려움이란 그 벽을 깨닫게 될 때 비로소 그 벽을 깨뜨릴 수 있다.

'관대'라는 개념은 본질적으로 '자기보존' 개념과 정면으로 충돌한다. 당신의 그 관대함이 당신의 안전에 직접적인 위협을 가하게 될 순간이 있다. 전통 속담은 "만약 무언가가 당신의 관대함을 통제하지 않는다면, 당신은 즉각 가난한 자의 집으로 향하게 되리라."고 말한다. 넉넉히 소유하지 못할 잠재성은 모든 사람이 맞닥뜨리고 있는 현실이다. 그러므로 다른 사람들과 나누기를 바라는 욕구와 스스로를 보호하고자 하는 욕구 사이에 갈등이 존재하는 것은 아주 자연스럽다. 즉 당신의 마음은 베풀기를 원하지만 당신의 감정은 두렵다고 말한다.

당신이 그리스도인이 되었을 때, 당신은 완전히 다른 경제 체제에 등록한 것이다. 당신이 깨닫든지 못 깨닫든지 간에, 그리스도와 함께한다는 것은 당신에게 매우 특별한 보상 계획을 가져다준다. 그래서 주변의 세상은 당신에게 자기 이익을 돌보라는 생각을 영속화하는 반면, 그리스도는 당신에게 다른 사람들의 이익을 돌보라고 요구하신다. 사실, 주님은 당신이 그렇게 하는 동안 당신을 돌보시리라고 약속하신다.

이것은 그리스도인이 자신의 '출발점'에 도달하게 되면, 그에게는 비그리스도인에게는 없는 선택권이 생긴다는 것을 의미한다. 비그리스도인은 반드시 멈춰야만 한다. 만약 그가 자신을 돌보지 않는다면, 아무도 그를 돌보지 않을 것이다. 하지만 그리스도인인 당신은 두려움이나 자기보존 때문에 제한될 필요가 없다. 당신이 베푸는 한계점은 단순한 재무 원칙들에 의해 설명되지 않는다. 게다가 안전지대 밖으로 발걸음을 떼는 것은 부주의한 무책임이 아니라 꼭 필요한 순종의 행위이다.

당신이 안전지대 너머로 베풀기 시작할 때 두려움을 느끼는 것은 당연하다. 자신의 관용에 대해 재고해 보기 시작할 수도 있다. 하나님이 확실하게 베풀 수 있는 기회를 주셨을 때조차도, 베푸는 것이 언제나 쉬운 일만은 아니다. 만약 그 때를 위한 준비가 부족하다면, 당신의 두려움이 하나님의 선한 청지기로서의 능력을 감출 수 있다.

사실상, 그리스도인들로 하여금 안전지대 밖으로 나오지 못하게 막는 최대의 적은 두려움이다. 물론 탐욕도 한 몫을 하지만, 내가 생각하기에는 "우리가 하고 싶은 대로 베풀고 나면 우리 자신은 어떻게 될까?"라는 '만약'의 상황이 모든 경우에서 빠지지 않을 것이다. 만약 경제가 무너지면 어떻게 하지? 만약 일자리를 잃으면 어떻게 하지? 만약 전쟁이 발생하면 어떻게 하지? 만약 예상치 못한 지출이 생기면 어떻게 하지? 만약 수표를 막지 못한다면 어떻게 하지?

시간이 흐를수록 당신은 베풀 수 있는 기회를 외면한 것에 대한 변명에 익숙해질 것이다. 그리고 당신의 마음은 주변의 필요들, 하나님께서 당신이 채워 주길 원하시는 필요들에 대해 무감각해질 것이다. 이 모든 것은 두려움에서부터 시작된다.

두려움 깨뜨리기

나는 목사로서 두 종류의 사람들을 본다. 첫째는 쓰고 남은 것을 헌금하는 사람들이고, 둘째는 먼저 헌금하고 남은 것으로 살아가는 사람들이다.

첫째 그룹은 탐욕적인 사람들은 아니다. 그들은 단지 우선순위가 다를 뿐이다. 그들은 자신의 필요를 채워야 할 책임이 스스로에게 있다고 생각하고 얼마가 남았던지 간에 그것으로 하나님의 일을 돕는다. 당신은 이런 사람을 알고 있는가?

둘째 그룹은 모든 것을 하나님께 속한 것으로 본다. 자신의 매일의 필요를 채워야 할 책임도 그렇게 본다. 그러므로 그들은 하나님의 자원을 관리하는 임무를 자신의 마음이 지시하는 대로 자유롭게 수행한다. 하지만 부주의하게 사용하지는 않는다. 그들은 깊이 생각하지만 망설이지 않고 베푼다.

남은 것을 헌금하는 사람들의 문제는, 그들의 관대함이 결코 자신의 필요를 채울 수 있는 능력 이상으로는 넘어가지 못한다는 것이다. 번영할 때에는 남는 것이 있겠지만, 재정적인 불확실성에 직면할 때에는 관대함이 뒷자리로 물러나게 된다.

사도 바울은 고린도후서 9장 7절에서 "각각 그 마음에 정한대로 할 것이요 인색함으로나 억지로 하지 말지니 하나님은 즐겨 내는 자를 사랑하시느니라."라고 했다. 하나님은 우리가 즐겨 내기를 바라신다. 하지만 당신의 마음이 자신의 필요를 채워야 한다는 부담으로 지배당할 때 베풀라는 하나님의 명령은 잊어버리게 된다.

둘째 그룹에 속한 사람들, 즉 넉넉하게 베푸는 사람들에게는 먼저 헌금하는 것이 논리적으로 당연한 결과이다. 그들은 하나님께서 모든 것을 소유하시고 다스리신다고 이해한다. 그래서 하나님의 이익을 위해 먼저 투자하고 자신의 필요에 부차적으로 투자하는 것에 대해 자유롭다. 그것이 합리적인 일이다.

남은 것을 헌금하는 사람들로서는 이 영역으로 들어가는 것 자체가 싸움이다. 그들은 설교를 듣고 성경을 읽으며 간증도 들었다. 하지만 여전히 그들은 머뭇거린다. 그들에게는 먹여 살려야 할 가족들과 준비해야 할 퇴직연금과 어떻게 변할지 모르는 시장 상황이 먼저 보인다. 그래서 그들은 모든 재정적인 문제들을 책임질 수 없고, 하나님의 일에도 헌금할 수 없다는 두려움을 느끼며 하나님 앞에서 머뭇거린다.

약간의 두려움은 건강에 도움을 줄 수 있지만, 반면에 위험할 수도 있다. 두려움은 당신으로 하여금 신념과는 정반대로 행동하게 만들 수 있다. 두려움은 그 본질상 이성을 잃게 만들 수도 있다.

모든 것이 하나님께 속하였다면 당신의 재정문제에 대해서 하나님을 신뢰하는 것이 합리적이지 않은가? 그리고 당신의 통제 능력을 벗어나는 일에 대해서 하나님을 신뢰하는 것이 합리적이지 않은가? 그러므로 당신의 영원한 운명에 대해서는 하나님을 신뢰하면서, 당신의 재정문제를 관리하시겠다는 하나님의 초청을 거절하는 것은 비합리적이다. 그렇지 않은가?

두려움은 진실을 왜곡한다.

진실의 순간

하나님과의 관계에서 진보가 있을 때, 때때로 하나님은 당신이 지갑을 얼마나 꽉 쥐고 있는지에 대해 시험하실 것이다. 그것은 믿음의 문제로 매주 혹은 매달 일어나지는 않는다. 하지만 반드시 하나님은 종종 당신이 계획한 재정의 안전지대 밖으로 나오기를 촉구하신다. 당신이 정말 하나님이 지속적으로 재정을 관리해 주시기를 원한다면 따라야 할 것이다. 거기에는 당신이 꼭 넘기 원하는 경계선이 있다. 당신은 더 이상 자신의 재정 창고를 의지할 수 없고 오직 하나님만을 당신의 공급자로 의지해야 할 것이다. 당신의 돈에 대해 무책임하게 행동하라는 말이 아니다. 하나님의 음성이 우리 인생의 '만약'이란 상황들의 소리보다 더 크게 들려야 한다는 태도를 말하는 것이다.

당신은 그 경계선을 '만약'의 경계선이라고 생각해도 좋다. 당신의 베풀고자 하는 욕구가 '이자율이 변하면 어떻게 하지.' 혹은 '인플레이션이 심해지면 어떻게 하지.'와 같은 생각들 때문에 조정될 때, 당신이 그 경계선에 가까워지고 있음을 알게 될 것이다.

그 경계선은 각자마다 모두 다르다. 예를 들어, 나에게는 10퍼센트는 언제나 쉬운 일이었다. 나는 어린 시절 첫 번째 용돈을 받을 때부터 십일조 내는 법을 배웠다. 그래서 그것은 그리 어려운 일이 아니었다. 나에게 십일조는 나의 안전지대 안에 있었다. 나는 두려움의 문턱에 다가가거나 누가 내 재산의 진정한 소유주인가, 혹은 누가 내 매일의 필요를 채우시는가의 문제를 다루지 않고도 평생토록 십일조를 낼 수 있을 것이다. 하지만 내가 살아온 지금까지 일정한 헌금 이상의 헌금에 대한 도전을 받았을 때, 나에게도 어려운 순간들이 있었다. 그리고 내가 그 도전들에 직면할 때마다, 나는 두려움을 경험했다.

두려움은 믿음의 성장을 원하는 누구에게나 있다. 벼랑 끝에 서게 되면 언제나 옅은 두려움을 느끼게 마련이다. 그 불확실성의 순간에 당신이 미래의 재정을 보이지 않는 하나님의 손에 맡기면서 가슴이 벌렁벌렁하게 되는 것은 너무나 당연하다.

우리가 성령의 촉구하심에 귀 기울이기로 마음의 준비를 했을 때조차도, 순종이 항상 쉽지만은 않다. 내가 처음으로 어느 수준 이상의 헌금에 대한 도전을 받았던 때는 고등학교 2학년 때였다. 주일 저녁 예배에서 젊은 간호학교 학생이 당시 목사님이셨던 나의 아버지에게 기도를 부탁하기 위해 앞으로 나갔다. 들리지는 않았지만 몇 마디 대화를 주고받은 후에, 갑자기 아버지가 음악 소리보다 크게 설교하기 시작했다. 비록 그것이 주일 저녁 예배의 정규 순서는 아니었지만, 하나님은 아버지의 마음을 움직이셔서 그 여학생의 상황을 나누게 하셨다. 그녀는 간호학교 등록금을 내기 위해 돈이 필요했다.

아버지가 그녀의 상황을 설명하자, 나는 내가 그녀에게 100달러를 줘야 한다는 것 때문에 마음에 불편을 느꼈다.

그 액수가 오늘날에는 그리 큰 돈으로 들리지 않을지도 모르겠다. 하지만 1975년 당시의 고등학생에게는 큰 돈이었다. 당시에 나는 고기매장을 청소하고 시간당 2.9달러를 벌고 있었다. 말할 것도 없이 나는 이미 그 수입의 십일조를 내고 있었다. 그래서 한번에 100달러를 헌금한다는 생각은 마치 절벽에서 뛰어내리는 것 같았다.

갈등은 고조됐다. 나는 베풀고 싶었다. 하지만 또 한편으로 나는 두려웠다.

나는 처음에는 스스로에게 단지 '자선의 시간'을 맞이했을 뿐이라고 말하려고 노력해 보았다. 당신은 '자선의 시간'이 무엇인지 아는가? 자선의 시간이란 아프리카의 굶주리는 사람들이나 미국 건너편 도시에 있는 집 잃은 아이들의 이야기를 듣고 나서 느끼는 방식을 말한다. 대부분의 자선의 시간은 그리 위협적이지 않다. 왜냐하면 대개의 경우 재정을 필요로 하는 곳이 너무 멀리 있기 때문에, 당신이 반드시 그 해결책을 내야 한다는 것을 의미하지 않기 때문이다. 당신의 삶의 질을 훼손할 필요 없이 약간의 동정심만을 느껴도 안전하다.

하지만 이번에는 그 대상이 바로 내 앞에 서 있었다. 그리고 그것은 나의 한 달 치 수입을 뒤로 무르는 것이나 다름없었다. '만약'의 상황들이 내가 처리할 수 있는 것보다도 빨리 내 마음을 채우기 시작했다. 만약 그 차를 결코 갖지 못하게 되면 어떻게 하지? 만약 다른 일에 돈이 필요하면 어떻게 하지? 만약 나중에 내 마음이 바뀌면 어떻게 하지? 만약 내가 지금 단지 감정적인 결정을 하는 거라면 어떻게 하지?

그녀에게 돈을 기부하는 것은 너무나 옳고 의미 있는 일이었다. 나는 하나님이 내가 그녀에게 돈을 기부하기를 원하신다고 확신했다. 하지만 동시에 그것은 내게 정말 생생한 두려움이 되었다.

결국 나는 그녀에게 돈을 기부했다. 두려움은 결코 완전하게 사라지지 않았다. 그러나 어떤 이유에서건 나는 내 안의 두려움을 붙잡아맸고, "하나님, 충동적인 것은 싫어요. 하지만 하나님이 내 마음을 움직이실 때, 두려움이 내가 당신의 뜻을 따르는 것을 방해하게 하고 싶지는 않아요. 이 돈을 주면서도 내 마음이 100퍼센트 편안하진 않습니다. 하지만 주지 않기에는 너무나 내 마음이 불편해요."라고 말했다.

내가 준 100달러가 그 학생에게 도움이 되었는지 나는 알지 못한다. 하지만 그것은 나에게 매우 큰 의미가 있었다. 재정적인 두려움에 직면해서 하나님을 신뢰했던 그 순간의 경험은, 그 후 몇 년 동안 내가 적극적인 청지기 정신으로 하나님을 따를 때에 거듭거듭 떠올렸던 좋은 모범이었다. 그 순간은 내 믿음에 있어서 결정적인 순간이었다.

나는 고등학생 때 사용했던 또 다른 100달러에 대해서는 생각나지 않는다. 내가 쓴 다른 돈에 대해서는 보여 줄 게 없는 것이 분명하다. 하지만 나는 베풀라고 하신 하나님의 촉구에 순종했던 그 경험을 앞으로도 결코 잊을 수 없을 것이다.

두려움의 요소

이제 당신의 '관대함'에 대해 충분히 점검되었다면, 당신은 조만간 '두려움'에 직면하게 될 것이다. 하나님은 한 가지 목적 때문에 우리에게 재정적인 씨앗을 주시는데, 때때로 이 사실이 무섭게 느껴지기도 한다. 그 한 가지 목적이란 바로 씨 뿌리는 목적이다. 우리가 손바닥을 열어서 씨앗을 날려 보내지 않는 한, 우리는 하나님이 그 씨앗으로부터 무슨 열매를 취하실지 결코 알 수 없다.

나는 밀턴 스캇이 어떻게 두려움을 다루었는지 모른다. 하지만 나의 경험에 비추어 볼 때, 하나님이 씨앗 창고를 다시 채워 주실 것을 신뢰하면서 자유롭게 헌금하고 재정적으로 열린 손이 되어 산다는 것은 끊임없는 믿음의 시험이다.

내 삶을 되돌아보면, 내가 손을 열려는 욕구와 씨름할 때 그 씨름은 나 혼자만의 것이 아님을 발견했다. 나는 이제껏 자기 재산을 의미 있게 사용하기 원하는 수백 명의 사람들과 대화를 나누었다. 그들 모두는 내가 했던 동일한 질문을 놓고 갈등하고 있었다. "이 세상의 재정 영역 중에서 하나님이 관리하고 계신 일에 내가 어떻게 하면 참여할 수 있을까? 그리고 그렇게 하려면 내게 얼마의 비용이 들까?" 두려움과 관대함 사이의 싸움은 너무나 생생해서 당신이 그 내적 갈등을 목격할 수 있을 정도로 실제적이다.

이 갈등을 해결하는 방법은 우리가 가진 '소유' 개념을 바꾸는 것이다. 누가 진정 당신의 재산을 소유하신 분인가? 그리고 누가 당신을 위해 재정을 좌지우지하시는가? 만약 당신이 모든 것이 참으로 하나님께 속했음을 믿는다면, 당신은 전혀 두려워할 것이 없다. 또한, 만약 하나님이 모든 부의 근원이시고 당신의 돈의 출입을 좌지우지하는 분이시라면, 헌금하지 않을 이유도 없다.

하지만 하나님을 당신의 재정에 끌어들이는 것은 당신의 돈에 대한 통제권을 하나님께 맡기는 것과 관련이 있다. 그리고 돈에 대한 통제권을 하나님께 맡긴다는 것은 베푸는 삶에의 부르심에 응답하는 것을 의미한다. 당신이 통제권을 포기하는 정도에 따라 두려움에서 벗어나서 하나님이 의도하시는 관대함을 경험하게 된다. 사실상, 예수님이 헌금의 모범으로 꼽으신 것은 자신의 마지막 동전을 드린 과부(막 12:42~44)였다. 그녀가 의지할 것이라고는 오직 그 필요를 채우시겠다는 하나님의 약속뿐이었다. 솔직히, 그런 이야기가 복음의 기초가 되지 않았다면 내 마음이 훨씬 더 편했을 것이다. 그 비유의 의미를 마음에 새길 수 있을 정도로 속도를 늦추는 데도 용기가 필요하다. 하지만 당신이 그렇게 한다면 오해의 여지는 거의 없게 된다. 하나님은 우리의 관대함이 두려움에 의해 제한받는 것을 원치 않으신다.

하나님은 모든 사람의 인생에 "너는 나를 신뢰하느냐?"라는 질문을 심으신다. 재정적인 면에서 하나님을 신뢰하는 것은 우리가 하나님의 세상을 향한 재정 명령에 동참하는 스릴을 즐기면서도 평안과 만족을 경험하는 것을 의미한다. 우리의 통장 잔액을 신뢰하는 것은 우리가 인생의 중요한 초청을 놓칠 뿐만 아니라 근심과 고뇌를 경험하는 것을 의미한다.

그 경계선을 넘지 않는 것은, 그 경계선이 어디까지이든지 간에, 당신이 당신의 재정문제에서 하나님을 빠뜨리고 말았다는 점에서 위험하다. 이 분야에 대해 하나님께 "아니오"라고 말하는 것은 하나님이 당신의 재산문제, 그리고 궁극적으로는 마음의 문제를 다루는 것에 대한 거절이나 다름없다.

하나님은 당신에게 밀턴 스캇의 수준까지 요구하지 않으셨을 수도 있다. 하지만, 하나님이 당신이 다소 불편을 느낄 수 있을 정도까지 관대한 마음을 주신 적이 있었는가? 당신은 두려움 때문에 하나님을 따르고 하나님 나라를 위해 재정적으로 무언가를 하는 데 방해받은 적이 있었는가? 당신이 인생 최고의 일에 착수하고서도 확실히 알 수 없다는 것이 가능한가?

시간을 들여서 당신의 경계선이 어디에 있는지를 기도하라. 만약 당신이 두려움을 뛰어넘어 관대함이 주는 순전한 기쁨을 맛보기를 진심으로 원한다면, 당신의 인생을 영원히 바꾸어 놓을 수 있는 원칙이자 약속을 힘껏 붙잡으라.

자리 바꾸기

빌리 래이 발렌타인(Billy Ray Valentine)은 청지기 정신에서 낙제 점수를 받았다. 그는 영화 〈자리 바꾸기〉(*Trading Places*)에서 가짜 거리부랑자로서 하룻밤 동안 불행을 경험하는 역할을 했다. 백만장자 형제인 랜돌프(Randolph) 공작과 모티머(Mortimer) 공작은 빌리 래이와 같은 가난한 거지를 개조해서 그들의 회사에서 생산적인 역할을 하도록 만들 수 있다는 이론을 세웠다. 그들은 빌리 래이에게 새 옷, 새 집, 운전수가 딸린 리무진, 집사, 회사의 높은 직

책을 주었다.

처음에 빌리 래이는 이 상황을 파악하지 못했다. 두 형제가 필라델피아의 주택가에 있는 호화로운 새 집을 견학시켜 주는 동안, 그는 가져갈 수 있는 모든 것으로 남몰래 자기 주머니를 채우고 있었다. 랜돌프가 이제는 이곳이 모두 빌리 래이에게 속한 것이라고 설명해 주려 했지만, 빌리 래이는 다른 렌즈를 통해 상황을 보았다. 그는 재정적인 두려움이 존재하는 세상에서 왔다. 그는 자기 필요를 채울 기회를 놓쳐서 배를 곯게 될까봐 걱정했다. 그리고 두 형제가 해주는 돼지고기 요리와 선물(先物)시장에 대한 설명은 그의 머리 위로 곧장 날아가 버렸다. 그리고는 자기 손을 펼쳐서 얻을 수 있는 물건들에만 초점을 맞추었다. 쿠바산 시가, 한 줌의 초콜릿, 금 장식품 등 전당포에서 값을 쳐줄 만한 것들 말이다. 이것이 빌리 래이가 알고 있는 사업방식의 전부였다.

종국에는 빌리 래이도 이해했다. 그는 두 형제가 하는 말을 믿기 시작했고 더 이상 배고픔을 두려워할 필요가 없다는 것도 깨달았다. 오래지 않아 그는 자신의 초점을 기본적인 필요에서 옮겨서 두 공작의 사업을 관리하는 업무에 고정했다. 일단 그의 관점이 바뀌고 나자, 그는 말 그대로 가치 있는 일꾼이 되었다.

나는 많은 그리스도인들이 빌리 래이 발렌타인과 너무나 닮았다고 생각한다. 하나님은 하나님 나라의 엄청난 부분을 우리의 손에 맡기기를 원하신다. 우리의 사적인 소비를 위해서가 아니라, 하나님 나라의 사역을 위해 씨 뿌려지도록 말이다. 하나님은 유능한 관리인들이 하나님의 사업을 돌보고, 하나님의 부를 분배하고, 하나님의 메시지를 전파하기를 원하신다.

그러나 우리는 정말 이 상황을 파악하고 있는가?

우리의 헌금 수준에 대한 통계 자료는 우리가 이 상황을 파악하지 못하고 있다는 사실을 보여 준다. 우리는 하나님의 엄청난 부요하심과 우리의 모든 필요를 채우시겠다는 화려한 약속에 둘러싸여 있다. 하나님은 우리에게 단순한 임무, '하나님의 자원을 관리하는 좋은 청지기가 되어서 하나님의 부를 하나님 나라의 이익을 위해 투자하라.'는 임무를 주셨다. 그러나 웬일인지 그 임무는 우리의 머리 위로 곧장 날아가 버리는 것 같다. 우리도 빌리 래이 발렌타인과 똑같이 자기 주머니를 하나님이 우리에게 주신 부스러기 이익들로만 채울 때가 많다. 우리는 가난을 과실이나 나쁜 투자의 결과로 생각하는 세상에서 왔다. 그리고 가난을 두려워하도록 학습되어 왔다. 우리는 하나님 나라에 투자하는 것보다 다음 끼니나 저당이나 기업연금에 더 많은 관심을 쏟는다. 그래서 하나님이 우리의 필요보다 더 많이 축복하실 때마다 우리는 그것을 우리의 미래를 보장하기 위한 기회나 우리의 다음 끼니를 확보하기 위한 기회로 간주한다. 하나님이 의도하신 것은 우리에게 더 많이 베푸는 기회를 주시는 것이었는데도 말이다.

관대함은 그 다음에 고려해 볼 사항으로 밀려나기 일쑤이다. 그것은 필수가 아니라 잉여분이 있을 때에만 생각하는 선택사항이다. 관대함의 수준은 주어진 시간 동안 축적한 이익의 잉여분의 양까지로 제한된다. 이것이 신중한, 즉 두려움에 의해 파괴된 관대함의 전형적인 모습이다.

'두려움 없는 헌금'의 개념이 당신에게 새로울 수도 있지만 그 개념은 오랫동안 존재해 왔다. 관대함을 가장 잘 보여 주는 예가 바로 1세기의 교회의 모습이다.

추수의 법칙

바울은 고린도에 있는 성도들에게 보낸 두 번째 편지에서 다른 도시에 있는 성도들에게도 관대함으로 베풀 것을 권고했다.

관대함과 두려움 사이의 본질적인 갈등관계를 깨달은 바울은 고린도 성도들에게 그들이 갖게 된 새로운 지위, 즉 '하나님 나라의 경영인'으로서의 지위를 생각나게 해줌으로써 신앙을 북돋워줄 기회로 삼았다. 그러면서 바울은 우리의 필요와 우리 이웃의 필요, 그리고 이 둘의 균형을 맞추라는 임무를 주신 하나님 사이에 형성된 새로운 관계에 대해 귀중한 통찰력을 우리에게 알려 주었다.

다음 성경 말씀은 하나님이 당신의 헌금에 대해 어떻게 반응하시는가를 이해하는 데 매우 중요하다. 무대 뒤에 있는 우리가 하늘에 계신 아버지의 세계를 들여다 볼 수 있게 해주기 때문이다. 이 말씀은 이 세상에서 하나님이 무엇을 맡고 계신지와 우리가 어떻게 그분의 일에 동참하기 원하시는지를 강조하고 있다.

"이것이 곧 적게 심는 자는 적게 거두고 많이 심는 자는 많이 거둔다 하는 말이로다 각각 그 마음에 정한대로 할 것이요 인색함으로나 억지로 하지 말지니 하나님은 즐겨 내는 자를 사랑하시느니라 하나님이 능히 모든 은혜를 너희에게 넘치게 하시나니 이는 너희로 모든 일에 항상 모든 것이 넉넉하여 모든 착한 일을 넘치게 하게 하려 하심이라 기록한 바 저가 흩어 가난한 자들에게 주었으니 그의 의가 영원토록 있느니라 함과 같으니라 심는 자에게 씨와 먹을 양식을 주시는 이가 너희 심을 것을 주사 풍성하게 하시고 너희 의의 열매를 더하게 하시리니 너희가 모든 일에 부요하여 너그럽게 연보를 함은 저희로 우리로 말미암아 하나님께 감사하게 하는 것이라"(고후 9:6~11).

이 말씀은 하나님이 헌금에 있어서 우리에게 바라시는 것과 우리의 두려움이 사라지지 않는 이유에 대해 세 가지 중요한 통찰력을 알려 준다.

첫 번째 통찰력 – 추수의 법칙은 당신의 재정문제에 적용된다

"…많이 심는 자는 많이 거둔다 하는 말이로다…"

바울이 밝혀준 첫 번째 통찰력은 추수의 법칙, 즉 씨 뿌리고 거두는 원칙이 우리의 헌금에도 적용된다는 것이다. 이 단순한 관찰이 헌금에 대한 당신의 시각에 혁명을 불러일으킬 수 있다. 핵심을 말하자면, 바울은 넉넉히 헌금하는 사람은 그에 대한 보답으로 나눌 수 있는 무언가를 돌려받을 것이라고 말하고 있다. 게다가 헌금하는 양과 돌려받는 양 사이에는 직접적인 상관관계가 있다는 것이다. 당신이 더 많이 씨 뿌릴수록 더 많이 거둘 것이라는 사실이다. 이렇게 말하는 것이 다소 위험하다는 생각도 들지만, 어쨌든 나는 바울이 말하는 바가 '당신의 삶에서 당신에게 맡겨진 재산은 종종 당신이 이미 얻은 것을 얼마나 잘 관리했는가에 달려 있다.'고 믿는다. 만약 당신이 마땅히 해야 할 의무에 순종하여 헌금한다면, 하나님은 당신에게 더 많이 주실 것이다.

자, 이제 정면에서 살펴보자. 이 원칙에는 모든 종류의 극단들이 종합되어 있다. 어떤 사람들은 개인의 이익을 위해 이 구절을 오용해 온갖 종류의 이상한 약속을 도출해 내기도 한다. "나에게 1달러를 보내 주시오. 그러면 하나님이 당신에게 10달러를 돌려보내 주실 것이오." 그리고 많은 사람들이 이 원칙이 그들을 부자로 만들어 줄 것을 기대했다가 실망했다.

바울은 부자가 되려는 사람들에게 말하지 않았다. 그리고 그들의 돈을 얻어내려고 하지도 않았다. 바울은 이미 충분했다. 그는 단지 '하나님은 하나님의 부를 전 세계에 나눠주시는 일에 신실한 자들이 통로가 되어주기를 원하신다.'는 것을 설명해 주고 있을 뿐이다. 개인적인 이익을 위해서가 아니라 하나님 나라의 전진을 위해서이다. 헌금의 두려움을 초월하고 자유롭게 관대함을 베풀기 원하는 사람들에게 바울은 용기를 선사하고 있다. 바울이 알려 주고 싶어 하는 것은 '하나님께 순종하고 선한 청지기가 되는 것이 안전하다.'는 사실이다.

이것은 마지못해 헌금하는 사람들에게는 기쁜 소식이다. 우리가 값비싼 것을 내주게 될 때는 왠지 손실처럼 느껴진다. 왜냐하면 과거에는 당신이 소유했던 것을 지금은 소유하고 있지 않기 때문이다. 게다가 더 많이 헌금할수록 엄청난 생산성 저해를 가져올 수 있다. 하지만 바울은 이런 개념을 완전히 다른 시각에서 바라본다. 그는 하나님의 사역을 위해 드리는 것은 버리는 것이 아니라고 말한다. 그것은 투자이다. 손실이 아니다. 씨를 뿌리는 농부는 씨앗을 잃는 것이 아니라 수확물을 얻게 된다.

합리적인 농부라면 "내겐 더 이상 씨앗이 남지 않을 테니 씨를 뿌리는 게 두려워. 만약 이 씨앗이 필요하게 되면 어떻게 하지?"라는 말에 무엇이라고 답하겠는가? 어떤 농부라도 수확물을 얻기 위해서는 씨앗을 뿌려야 한다는 사실을 알고 있다. 자기 주머니를 가득 채운다고 해도 아무런 유익이 없다. "오 하나님, 저에게 수확물을 주옵소서. 제가 과연 씨앗을 뿌릴 준비가 되어 있는지 확신할 수가 없지만, 하나님, 저는 당신이 이 일에 간섭하여 주실 줄을 믿습니다. 그리고 만약의 경우에 대비해서 저는 제 씨앗을 보관해 두겠습니다."와 같은 기도는 아무런 도움이 되지 않는다.

이것은 재정적인 불확실성 때문에 헌금하기를 두려워하는 사람에게는 매우 강력한 소식이다. 우리가 재정문제를 놓고 할 수 있는 가장 현명한 행동은 돈이라는 씨앗을 뿌리기 시작하는 것이다. 우리가 그렇게 하면, 하나님은 우리의 재정에 간섭하시게 된다. 그것이야말로 우리가 얻을 수 있는 가장 확실한 재정 보증이다. 당신이 한 번도 넉넉히 베푸는 사람이 되어 본 적이 없다면 이 일을 경험할 수 있는 기회도 가질 수 없었을 것이다. 당신에게 확신이 없는 것도 당연하다.

그러나 바울은 한 움큼의 씨앗을 기꺼이 뿌리고자 하는 사람은 그에 합당한 수확물을 거둘 수 있다고 말한다. 그것이 원칙이다. 우리가 헌금할 때, 그것은 하나님께서 우리가 드린 것보다 더 많은 것을 우리에게 되돌려 주시게 만드는, 그리고 이생에서 더 많은 것을 우리에게 맡기시게 만드는 계기가 된다. 또한 그것은 우리가 더 많은 것을 드릴 수 있게 만든다. 그리고 이것은 계속 반복된다.

두 번째 통찰력 – 헌금은 하나님의 계획에 맞춰 우리 인생의 방향을 조정해 준다

"…저가 흩어 가난한 자들에게 주었으니 그의 의가 영원토록 있느니라…"

씨를 뿌린 만큼 거둔다는 사실은 우리를 기분 좋게 만들거나 하나님을 우리 편으로 만든다는 점에서 헌금의 이유가 된다. 이런 이유들도 동경할 만한 동기가 된다. 하지만 훨씬 더 큰 만족을 주는 이유가 또 있다. 바울은 고린도후서에서 다소 애매하게 시편 112편을 인용하면서 이 이유를 말한다.

"저가 흩어 가난한 자들에게 주었으니 그의 의가 영원토록 있느니라"

이 말씀을 처음 보게 되면, "왜 바울이 이 말씀을 여기에 썼을까? 도대체 무슨 관련이 있지?"라고 의아히 여길 수도 있다. 신학자들은 바울의 의도에 대해 다양한 관점을 피력한다. 하지만 깊이 분석하지 않더라도 이 구절에서 기본적으로 얻을 수 있는 내용이 있다. 바울은 고린도 성도들에게 하나님의 약속, 즉 하나님의 은사를 흩어주어서 가난한 자들을 돌보라는 약속을 상기시켜 주고 있는 것이다. 달리 말하자면, 하나님이 이 세상에 품고 계신 뜻이 있다는 것이다. 그래서 우리가 이와 같이 하나님과 관련을 맺게 되면 우리의 인생, 우리의 작은 씨앗 주머니보다 훨씬 더 큰 계획 안으로 들어가게 될 것이다. 이 세상을 향한 하나님의 섭리와 계획에 동참하게 될 것이다.

하나님은 가난한 자를 돌보시고, 대 위임명령도 기억하신다. 그것이 하나님이 하시려는 일이다. 하나님은 가난한 자를 돌보시겠다는 약속을 하셨고, 온 세상이 복음화되리라는 약속도 하셨다. 그래서 그 목표들을 위임하셨다. 하지만 그 일에는 돈이 든다. 사실상 어딘가에서 그 돈을 모으실 분은 하나님이시지만, 하나님은 그 사역을 완수하기 위해 백성들과 함께하기를 원하신다. 하나님은 하나님의 관심 사역을 후원하기 위해 자신의 재정을 자발적으로 사용함으로써 하나님과 동역하는 백성들, 즉 충직한 청지기를 찾고 계신다.

그렇다면 우리가 두려워해야 할 것이 무엇인가? 도대체 왜 하나님이 위임명령을 완수하고자 하는 당신의 재산을 탕진하고 다시 채우지 않으시겠는가? 달리 말하면, 만약 당신이 이 일에 있어서 하나님의 파트너라면, 왜 하나님이 그토록 원하시는 일—가난한 자를 돕고 세계복음화를 이루는 일—을 위해 헌금하고자 하는 당신의 능력을 방해하시겠는가?

하나님은 우리가 있건 없건 간에 그 일을 이루실 것이다. 그러나 하나님은 우리가 그분과 함께 일하도록 초청하신다. 우리가 그 초청을 받아들이면, 우리의 인생은 전혀 새로운 중요성을 띠게 될 것이다.

세 번째 통찰력- 좋은 서비스는 반복되는 거래를 낳는다

"…너희가 모든 일에 부요하여 너그럽게 연보를 함은…."

마지막으로, 바울은 다소 대담한 약속을 한다. 솔직히 말하면, 나는 이 구절을 다룰 때 조금 불편해진다. 왜냐하면 과거에 이 구절이 잘못 이해되어 왔기 때문이다. 하지만 이 구절은 하나님이 헌금에 대해 갖고 계신 관점 중에서 우리가 간과할 수 없을 정도로 중요한 부분을 차지한다.

바울도 "하나님이 능히 모든 은혜를 너희에게 넘치게 하시나니 이는 너희로 모든 일에 항상 모든 것이 넉넉하여 모든 착한 일을 넘치게 하게 하려 하심이라"(고후 9:8)라고 말했다.

이 말씀으로도 명쾌하게 해결되지 않을 경우를 대비해서, 바울은 다음과 같이 반복한다. "심는 자에게 씨와 먹을 양식을 주시는 이가 너희 심을 것을 주사 풍성하게 하시고 너희 의의 열매를 더하게 하시리니 너희가 모든 일에 부요하여 너그럽게 연보를 함은 저희로 우리로 말미암아 하나님께 감사하게 하는 것이라"(고후 9:10, 11).

바울이 이보다 더 명쾌하게 설명할 수는 없었을 것이다. 우리가 충성스럽게 넉넉히 헌금하는 것은 우리가 하나님께 좋은 서비스를 하는 것과 같다. 그 결과 하나님은 더 많은 것을 주시기 위해 우리에게 찾아오실 것이다. 미래에 하나님이 다시 나눠 주려고 하실 때에는 우리를 유능한 파트너로 기억하실 것이다.

만약 레스토랑이 좋은 서비스를 베풀면, 그것은 반복되는 거래를 낳는다. 이 원칙은 선한 청지기에게도 동일하게 적용된다. 하나님은 당신에게 주기를 원하신다. 당신이 하나님의 사역에 헌금할 수 있게 하기 위해서 말이다. 만약 당신이 넉넉히 씨를 뿌린다면, 하나님은 당신에게 점점 더 많은 것을 주실 수 있다.

하나님은 충성스런 청지기를 특별하게 돌보신다. 당신이 하나님의 파트너로 남아 있는 한, 하나님은 당신이 필요한 모든 것을 당신이 필요로 할 때마다 확실히 얻을 수 있게 하신다. 그것이 하나님이 내놓으신 제안이다. 그렇다고 해서 당신이 사치스러운 흥청거림에 빠져도 좋다는 것을 의미하지는 않는다. 그것은 바른 청지기 정신이 아니다. 하지만 하나님이 신실하게 당신의 필요를 채우시리라는 것은 확실하다.

참된 부요함이란 당신이 무언가를 필요하다고 느낄 때 그것을 가질 수 있는 것을 말한다. 하나님은 당신에게 모든 것을 언제라도 주실 수 있다. 당신이 필요로 하는 모든 것을 말이다.

자, 이제는 당신이 헌금에 대해 갖고 있던 두려움은 모두 사라졌을 것이다. 사실, 우리가 헌금에 대해서 두려워해야 할 것은 단 한 가지뿐이다. '하나님이 더 이상 우리의 재정 문제에 간섭하지 않으실 정도로 하나님을 의지하는 것' 말이다. 당신이 자문해 보아야 할 질문은 "누가 나의 필요를 더 잘 채울 수 있는가? 나인가? 하나님인가?"이다. 경제상황이 당신을 돕지는 않을 것이다. 직장 상사나 물려받은 유산도 마찬가지이다. 하지만 하나님은 하실 의지도, 하실 능력도 있으시다. 당신이 관대한 사람이라면, 하나님은 당신이 지속적으로 관대한 사람일 수 있도록 당신을 부요하게 만드실 것이다. 하나님은 당신이 먼저 하나님 나라에 투자

하는 것을 보기 원하신다. 필요한 것을 하나님으로부터 얻기 위해서가 아니라, 넉넉한 섬김으로 하나님께 드리기를 간절히 소망하는 마음으로 헌금해야 한다.

이것이 바로 '너그러운 헌금'의 모습이다. 어느 작가는 이 약속에 대해 이렇게 묘사한다. "그 영광은 지속적이고, 그 보답은 영원하다. 그럼에도 불구하고 그(헌금하는 자)는 편안한 삶을 살 수 있을 뿐만 아니라 자유롭게 남에게 줄 수 있다."

출발하기

노스포인트커뮤니티교회를 개척했을 때, 우리는 교회건물을 건축하기 위해서 4개월 이내에 1백만 달러를 모금해야 하는 형편에 있었다. 그래서 나와 내 아내 샌드라(Sandra)는 모든 성도들과 함께 어떻게 헌금해야 하는지를 놓고 기도했다. 당시에 나는 무모한 생각을 가지고 있었다. 그 무모한 생각이란, 모금활동을 벌이는 4개월 동안 교회에서 사례비를 받지 않겠다는 것이었다. 물론, 내게 그 생각이 떠올랐을 때 나는 "알겠습니다. 하나님, 그렇다면 지금…" 이라고 말하고 싶었다. 하지만 이 문제를 놓고 샌드라와 상의한 후에, 우리는 이 일이 우리가 해야 할 일임을 알게 되었다. 또한 우리는 이 일을 성도들에게 말해야 할 필요가 있다고 느꼈다. 그것은 곧, 일단 시작하면 뒤로 물러설 수 없음을 의미했다.

사례비 없이 첫째 달을 보낸 후, 나는 전화 한 통을 받았다. 테네시 주에서 열리는 작은 남성모임에서 설교를 해 달라는 초청이었다. 나는 통상적으로 그런 약속은 하지 않는다. 하지만 친구의 부탁이었고, 솔직히 나는 수입이 필요했다. 그래서 나는 갔다. 모임이 끝난 후 나는 누군가가 조용히 봉투를 건네며 와 준 것에 대해 감사해 주길 기대했다. 하지만 어느 누구도 오지 않았고 아무것도 건네지 않았다. 나는 놀랐고 조금은 실망하기도 했다. 하지만 그와 같은 일이 처음은 아니었기에 더 이상 깊이 생각하지 않았다. 일주일 후, 나는 감사 편지와 함께 5천 달러짜리 수표를 받았다. 나는 깜짝 놀랐고, 혹시 그들이 사례비를 받지 않고 있는 나의 언약이나 상황에 대해 무슨 얘기를 들은 것은 아닌지 의심조차 했었다. 그래서 나는 상황을 파악하기 위해 수화기를 들었고 결국 밝혀진 것은 그들은 우리 교회가 헌금을 모금하고 있다는 사실조차도 모르고 있었다. 마치 하나님이 미 대륙을 가로질러 그 돈이 나에게 올 수 있도록 상황을 조정해 주신 것 같았다. 하지만 그 돈도 여전히 4개월 치 사례비에는 못 미쳤다.

그 후 또 하나의 생소한 일이 발생했다. 그 해 말, 회계사는 내가 지금까지 냈던 세금을 검토하고 있는 중이라고 알려왔고, 그가 생각하기에는 정부가 나에게 과잉 과세를 한 것 같다고 말했다. 나는 처음에는 농담이라며 웃어버렸다. 그런데 그가 그 액수가 얼마인지를 말해 주었다. 그의 설명에 의하면, 나는 내가 목사로 부름받은 이래로 그때까지 나의 전체 목사 경력 내내 세금을 과도하게 내왔다고 했다. 비록 그가 4년 전까지만 소급할 수 있었을지라도, 나는 그 해에 국세청으로부터 어마어마한 돈을 환급받을 수 있었다. 긴 이야기를 요약하자면, 내가 두 가지 황당한 사건으로부터 받게 된 액수는 4개월 치 사례비를 제하고도, 7천 달러가 남았다!

어떤 사람들은 내가 어쨌든 나에게 돌아올 돈을 갖게 된 것이라고 합리화할 수도 있다. 그 돈은 내가 뒷마당에 심은 나무에서 신기하게 열린 것은 아니다. 정당하고 논리적인 수단을 통해서 들어왔다. 하지만 당신은 아는가? 나는 그 돈이 하나님으로부터 왔다고 확신한다. 나는 내가 과잉 세금을 냈던 여러 해 중에 회계사가 통지해 준 해가 바로 그 해였다는 사실을 우연의 일치라고 생각하지 않는다. 그리고 그때까지 내가 설교로 받았던 액수의 네 배 이상 받은 것을 우발적인 일로 생각하지도 않는다. 우리는 우리의 씨앗을 하나님 나라를 위해 뿌렸고, 그 결과 하나님은 훨씬 더 많은 것을 우리에게 맡기시기로 결정하셨다. 이것이 내가 이 일을 바라보는 시각이다. 우리가 세금을 착복했던가? 그래서 우리 스스로를 즐겁게 했던가? 아니다. 우리는 그 돈을 하나님의 것으로 여겼고 그에 합당하게 관리했다. 그리고 지금까지도 그렇다.

현실적으로 볼 때, 그런 일들은 우리 가족 안에서 매우 자주 일어났기 때문에, 우리는 헌금할 일이 생기면 으레 기대하게 된다. 샌드라와 나는, 하나님이 항상 하나님 나라를 후원할 사람들을 찾고 계시기 때문에 우리가 너무 많은 씨앗을 가질 수 없다는 것을 깨달았다. 그런데 왜 하나님이 그것을 중단하시겠는가?

나는 부자가 되기 위해 헌금하지 않는다. 나는 이미 부요하다. 나에게는 차가 두 대나 있고 단란한 집도 있다. 나와 같은 처지를 세계의 여러 곳에 떨어뜨려 보라. 나는 너무나 부요한 사람이다. 나는 그리스도인이기 때문에, 하나님이 내가 청지기로 사는 것을 원하시기 때문에 헌금한다. 나는 내가 아무리 자주 빈털터리가 되는 요구에 응한다할지라도, 하나님이 놀라운 방법으로 나타나신 것을 보아왔다.

전혀 두렵지 않다

두려움이 관대함을 막는가? 가계부 맞출 것을 걱정해서 남은 것을 헌금하는가? 당신은 하나님께 그분의 돈을 관리하는 청지기로서의 계획을 구한 적이 있는가? 당신은 그리스도인이기에 어느 정도까지는 반드시 그렇게 해야 한다. 당신은 많은 씨앗을 받아야 하고 이렇게 말할 수 있어야 한다. "하나님, 저는 돈에 대한 걱정이 너무 많습니다. 하나님을 저의 재정 관리에 초청합니다. 어떤 것이 좋은지 나쁜지 간에, 하나님이 간섭하고 계시다는 것을 알고 싶습니다."

하나님이 당신에게 주신 청지기로서의 지위를 받아들일 준비가 되어 있는가? 두려움을 뒤로 하고, 하나님이 당신의 재정문제를 관리해 주시도록 초청함으로써 추수의 법칙을 이용할 준비가 되어 있는가? 종종 돈은 우리가 하나님께로 나아가는 마지막 관문이다. 왜냐하면 우리는 돈이 우리의 안전을 보장한다고 생각하기 때문이다. 하지만 당신이 만약 재정적으로 확실한 보증을 원한다면, 가능한 한 빨리 하나님을 끌어들여야 한다. 씨 뿌리기를 빨리 시작할수록 추수도 빨리 시작할 것이다. 이것이야말로 당신이 믿을 수 있는 원칙이다.

새로운 거래

나는 지금까지 '하나님을 당신의 재정 관리에 끌어들여야 한다.'는 것을 말했다. 그렇다면 이것은 정확하게 무엇을 의미하는가? 우리가 하나님을 우리의 재정 관리에 끌어들인다는 말은, 우리가 하나님이 개입하시지 못하도록 막을 수 있다는 것을 의미하는 말이 아니다. 만약 우리가 어느 날 황금들녘을 걷게 된다면, 우리는 매 걸음마다 하나님이 우리와 함께 계시길 바랄 것이다. 왜냐하면 하나님은 잠자는 낟알을 추수할 곡식의 황금줄기로 바꾸어 놓을 비와 햇

빛을 공급해 주시기 때문이다.

사실 하나님은 그냥 옆에 앉아서 당신이 재정적으로 힘들어 하는 것을 보고만 계실 수도 있고, 당신의 재정 파트너로서 적극적으로 간섭하실 수도 있다. 그것은 순전히 당신이 어떤 청지기인가에 달려 있다. 하나님은 당신이 마법의 주문을 외우면 원하는 것을 가져다주는 요술램프가 아니다. 또, 당신이 '옳은' 일만 한다고 해서 하나님이 당신에게 재정적인 역경을 결코 허락하지 않으실 것이라는 의미도 아니다. 당신의 재정은 당신이 하늘에 계신 아버지와 역동적인 관계를 시작할 수 있게 해주는 인생의 또 다른 영역이다. 당신에게 필요한 것은 단지 하나님을 그 안으로 초청하는 것이다.

무엇보다도 먼저, 나는 당신이 이미 '하나님은 당신의 재무제표를 바꾸기 위해 직접 개입하실 수 있다.'는 사실을 믿는다고 생각한다. 내가 그렇게 생각하는 이유는 이렇다. 목사인 나에게는 재정난에 빠진 사람들을 상담할 수 있는 수많은 기회들이 있었다. 그런데 나는 다음과 같이 기도하는 사람을 만나본 적이 없다.

"하나님, 당신도 아시다시피, 저는 최근 몇 년간 제가 세운 계획을 따라 사느라 당신에게서 멀어졌었습니다. 그리고 제 계획대로 살다가 이런 재정적인 역경에 빠졌습니다. 하지만 아직도 저는 제 계획이 효과적이리라고 생각합니다. 저의 방법대로 해결해 볼 테니 하나님은 딴 사람이나 도와주세요."

바닥이 드러나면, 우리는 갑자기 하나님이 우리의 재정에 개입해 주시기를 원한다. 그것도 절대적으로 말이다. 우리는 더 이상 돈 관리하는 것을 즐거워하지 않는다. 그래서 전략을 바꾸고 어떻게 하나님을 설득해서 우리를 구하러 오게 만들까에 초점을 맞추기 시작한다. 당신도 그런 지경에까지 내려가 본 적이 있는가?

그렇게 되면, 당신의 기도는 이렇게 되기가 쉽다.

"오 하나님, 도와주세요! 저에게 돈을 좀 보내 주세요. 제발 뭐라도 좀 해주세요! 뭐라도…."

하나님이 모든 것을 다스리신다고 인정하게 될 때 해결책이 생긴다. 이제 당신은 하나님께 간구하는 것을 더 이상

창피하게 생각하지 않는다. 하나님이 하실 수 있는 일이라고 이전부터 알고 있던 일, 즉 이곳에서 돈을 좀 움직여서 재정적인 압박이 있는 저곳으로 보내 달라고 하나님께 간구한다. 그 순간만큼은 하나님이 당신의 재정문제에서 이루실 일을 온전히 확신한다.

내가 당신에게 하나님이 세계의 부를 다스리신다고 확신시켜줄 필요는 없을 것이다. 나는 우리가 그 사실만큼은 동의하고 있다고 생각한다.

만약 그렇다면, 왜 바닥이 드러나기 전에 지금 당장 하나님의 간섭을 요청하지 못하는가? 내면 깊이 하나님이 우리 인생에 직접 개입하실 수 있다는 사실을 알면서도, 무엇을 기다리고 있는가? 가능한 한 빨리, 그리고 자주 하나님의 직접적인 개입을 받는 것이 현명한 일 아니겠는가? 아니면, 당신에게 아직도 일말의 두려움이 남아 있는가?

하나님이 언제 간섭하시고 언제 간섭하지 않으시는지를 확실히 알 수 있다면 도움이 될지도 모르겠다. 우주의 자원을 다스리시는 바로 그 하나님이 당신을 돌보고 계신다는 사실을 안다면, 그리고 당신의 모든 필요를 채우기 위해 완벽한 수준으로 공급량을 조절하신다는 사실을 안다면, 당신이 느끼는 두려움에 어떤 일이 생기겠는가?

감정 이상의 것

"두려움은 올바른 감정이 아니다." 이 말을 정당한 경고로 간주해 주기 바란다. 하지만 내가 말하려는 주장은 당신의 자연스런 본능, 즉 두려움 앞에서 이 경고는 날아가 버린다. 두려움은 반(反)직관적이고, 당신이 의무로 여기는 것의 정 반대편에 있다. 만약 하나님을 당신의 재정문제에 간섭하시게 할 때, 당신은 100퍼센트의 편안을 누리지 못할 때도 있을 것이라는 사실을 이해해야만 한다. 심지어는 50퍼센트밖에 편안을 못 느낄 수도 있다. 누구라도 그 배짱은 표준미달이기 때문에, 당신은 기꺼이 배짱 이상으로 신뢰해야만 한다.

두려움과 불확실성은 우리의 이성을 마비시킨다는 것을 기억하라. 우리가 두려움에 반응하게 되면 재정적인 면에서 볼 때, 매우 비합리적이고 파괴적인 행동을 보이는 경우가 많다. 게다가 돈은 감정이입의 대상이기 때문에, 두려움이 재정문제와 연루되면 너무 쉽게 비합리적인 사고를 하게 된다. 재정문제를 결정할 때 '본능'이 아닌 '사실'에 기초해야 한다는 것이 그토록 중요한 이유가 바로 여기에 있다. 주식을 사려고 하는 사람에게 느낌으로 조언해서는 결코 안 된다. 먼저 수익 대비 가격 비율이나 주당 순이익 등을 조사해 보아야 한다.

마찬가지로, 당신의 재무이론이 감정에 의해 부식되는 것을 허용하지 않으려면 대단한 주의가 필요하다. 만약 '옳다고 느껴지지 않는다.'는 이유로 하나님으로부터 등을 돌리기로 결정한다면, 우리의 헌금은 '진리'가 아닌 '감정'에 기초하는 것이다. 이런 종류의 비이성적인 사고는 우주의 하나님이 당신의 재정에 간섭하셔서 도와주시는 것을 방해한다. 이것은, 마치 무장 강도가 침입했을 때 구출은 받고 싶지만, 경찰도 총을 가졌기 때문에 경찰에게 전화하기를 두려워하는 것과 같다. 아니면 주사가 생명을 살리는 것임에도 불구하고, 의사가 주사를 놓는 것이 무섭기 때문에 환자를 피하는 것과 같지 않은가? 우리가 재정적으로 하나님을 감금하는 것은 수입과 지출을 맞추는 우리의 두려움을 영원히 소멸해 주실 분에게서 우리를 떼어놓는 것이다. 마치 "나는 하나님을 묶어두고 내 재정문제에 간섭하지 못하게 해서 재정적으로 나 자신을 보호할 거야."라고 말하는 것과 같다.

나의 친구여, 그것이 얼마나 바보 같은 짓인가!

염려를 쫓아버리라

만약 재정에 관한 염려들을 하나님께 개인적으로 여쭤보는 것이 가능하다면, 하나님이 뭐라고 말씀하실지 궁금한가?

"하지만 하나님, 식료품을 살 수 없게 된다면 어떻게 하죠?"

"하지만 하나님, 만약의 날을 대비해서 저축을 해둬야 하지 않을까요?"

"하지만 하나님, 우리 중에 누군가가 아프면 어떻게 하죠?"

이 염려들은 모두 타당한 염려들이다. 이러한 염려에 당신이 압도된다면 관대함을 베풀기는 다소 어려울 것이다. 그러나 하나님은 그 염려를 어떻게 해결해야 할지를 알고 계신다. 그분은 당신이 자기 재산을 하나님께 기꺼이 위탁하고자 하는 마음이 생길 정도로 당신을 자유롭게 해줄 수 있는 전략을 갖고 계신다.

예수님은 산상설교를 통해 이 문제에 대해 명확하게, 즉 육체적 필요와 두려움과의 관계를 말씀하셨다.

"그러므로 내가 너희에게 이르노니 목숨을 위하여 무엇을 먹을까 무엇을 마실까 몸을 위하여 무엇을 입을까 염려하지 말라 목숨이 음식보다 중하지 아니하며 몸이 의복보다 중하지 아니하냐… 그러므로 염려하여 이르기를 무엇을 먹을까 무엇을 마실까 무엇을 입을까 하지 말라 이는 다 이방인들이 구하는 것이라 너희 천부께서 이 모든 것이 너희에게 있어야 할 줄을 아시느니라 너희는 먼저 그의 나라와 그의 의를 구하라 그리하면 이 모든 것을 너희에게 더하시리라"(마 6:25, 31~33).

"무엇을 먹을까?" "무엇을 마실까?" "무엇을 입을까?" 비슷하게 들리는가? 예산을 세울 때 마주치게 되는 대부분의 염려들이 이 범주 안에 들어온다. 그러나 예수님은 이러한 것들에 대해 전혀 염려하지 말라고 말씀하신다. 그 대신, 우리는 전혀 다른 것에 초점을 맞추어야 하는데 바로 '하나님 나라'이다. 예수님은 '그리하면' 우리의 육체적 필요도 채워질 것이라고 말씀하신다.

당신은 살면서 이 말씀을 들어본 적이 있을 것이다. 하지만 그 의미를 진정으로 생각해 본 적이 있었는가? 만약 내일 아침에 깨어서 '어떻게 먹고 살까'가 아니라 '베푸는 것'에 대해 생각해 본다면 어떨까? "이봐, 난 오늘 일하러 갈 거야. 나는 봉급날까지 기다릴 수가 없어. 교회에 또 다른 헌금을 꼭 해야 하거든." 아니면, "여보, 이 예배당이 정말 비좁게 느껴지는구려. 그래서 말인데, 내가 부업을 가져 볼까 생각 중이야. 더 큰 건물을 지어서 모든 사람들에게 넉넉한 공간을 주어야 하지 않겠어. 오, 그건 그렇고, 이번 달에 우리에게 돈이 약간 남았구려. 가게에 가서 음식을 좀 사볼까?"

우리는 이런 식으로는 생각하지 않는다. 우리는 먹고 살기 위해 일어나서 일하러 간다. 그리고 일단 기본적인 필요가 채워지고 나서야 비로소 헌금에 대해 생각한다. 하지만, 예수님은 "이봐, 지금부터는 전혀 다른 방식으로 생각해야 해."라고 말씀하신다. 핵심을 말하자면, 예수님은 매슬로우(Maslow)의 '필요의 위계질서' 모형을 사용하시되 그것을 완전히 뒤집어 버리셨다. 매슬로우의 모형은 누구라도 불확실성으로 떨게 만들기에 충분하다. 당신 안에 있는 무언가가 이렇게 말하고 싶어 하지 않는가? "하나님 나라에 헌금하는 것과 식료품을 사는 것 사이에 무슨 관련이 있다는 거지? 말도 안돼."

먼저 하나님 나라에 투자하면 우리의 필요를 채우시겠다는 약속은 인간의 지혜에는 호소력이 없는 것이 분명하다. 그래서 이 약속은, 당신이 정상적인 논리의 바깥 면을 보지 않는 한, 본래 의도된 대로 환영받을 수는 없을 것이다. 그리고 당신은 이 약속에 의지해서 당신의 삶 속에서 만나게 될 두려움과는 결코 대결하지 않을 것이다.

예수님의 가르침의 중심에는 그를 따르고자 하는 모든 사람을 위한 '새로운 거래'가 있다. 그 거래는 단순하다. 당신이 하나님 나라를 최우선순위로 삼으면, 하나님은 당신이 사는 데 필요한 것을 공급하시겠다는 것이다. 달리 말하면, 예수님은 "만약 너희가 나의 필요—가난한 자를 돌보고 제자를 삼는 것—를 위해 일하면, 나는 너희의 필요를 위해 일하겠다."고 말씀하신다. 당신이나 나처럼, 예수님의 청중들도 육체적, 재정적 확실성 없이 이 세상을 살다갔다. 그럼에도 불구하고, 예수님은 우리가 거래의 목적을 지키면, 우리의 필요를 확실히 채우시리라고 약속하셨다. 예수님이 세상의 경제—당신과 나의 소유를 포함해서—를 통치하고 계신 것이 사실이라면, 오직 그분만이 그런 약속을 하실 수 있다.

하나님이 나를 공생관계로 초청하고자 하신다는 사실이 나는 놀랍다. 거룩하고 전능하신 하나님이 나와 함께 상호 이익을 궁리하고 계신 것을 상상해 보라. 그분의 계획을 내가 참여할 수 있는 수준으로 낮추셔서 결실을 맺게 하신다니 말이다. 마치 내가 정말 하나님께 필요하다는 듯이…. 하나님은 나의 재정적인 도움이 있건 없건 간에 원하시는 일은 무엇이라도 하실 수 있다. 하나님은 내 돈이 필요치 않으시다. 게다가 그 돈도 어쨌든 전부 그분의 것이다. 그럼에도 불구하고 하나님은 우리를 너무나 사랑하시고 우리와 교제하기 원하시기 때문에 우리를 거래 관계로 초청하신다. 그 관계 속에서 우리는 그분의 필요를 채우고, 그분은 우리의 필요를 채우신다. 이것이 바로 새로운 거래가 진행되는 방식이다. 하나님의 계획을 이 세상에서 성취하기 위해 당신이 하나님과 짝을 이룰 때, 하나님은 당신의 안전에 대해 확실한 관심을 기울이신다. 하나님은 당신이 하나님 나라를 지속적으로 후원할 수 있도록 잘 먹고 잘 지낼 수 있기를 원하신다.

이제 당신은 선택의 기로에 서 있다. 만약 당신이 당신의 재정문제에 대한 하나님의 간섭을 원한다면, 하나님을 위해 당신의 재정을 내려놓아야 한다. 즉 당신이 헌금해야 한다는 뜻이다. 당신은 하나님이 이미 당신에게 주신 것으로 지금 즉시 시작할 수 있다. 다음달 봉급에서 일정 퍼센트 정할 수도 있고, 순 자산의 일부를 떼어낼 수도 있다. 관대하라는 목소리가 당신을 촉구하는 때라면 언제든지 그 목소리에 따라야 한다. 비록 두려움을 느낄지라도 말이다.

당신의 재정적인 두려움은 당신이 행동을 취할 때까지 사라지지 않을 것이다. 당신은 자신이 가진 최고의 본능과 최고의 지혜를 사용해서 홀로 그 두려움에 맞설 수도 있고, 아니면, 단번에 모든 것을 다스리시는 하나님의 반(反)본능적인 논리를 받아들일 수도 있다. 당신은 하나님이 당신의 재정에 간섭해 주시기를 원하는가? 먹을 것과 마실 것과 입을 것을 주시겠다는 하나님의 확실한 보증을 원하는가? 그렇다면, 하나님의 계획에 초점을 맞춰야 한다. 그리고 그것은 하나님 나라에 넉넉하게 심으라는 부르심에 응답하는 것을 의미한다.

하나님의 간섭을 원하지 않거나 확신이 서지 않는다고

해도 좋다. 하지만 내가 한 가지를 예언하자면, 당신이 하나님을 필요로 하는 날이 반드시 올 것이다. 재정 상태가 너무 힘들고 당신 자신을 신뢰하는 것에 대한 두려움이 하나님을 신뢰하는 것에 대한 두려움보다 커질 때, 당신은 하나님의 도움을 요청하게 될 것이다. 그것은 단지 시간상의 문제이다.

예수님의 말씀은 어렵다. 인간의 논리로는 망설이게 만들 수밖에 없는 장애물이다. 어떻게 헌금이 나의 수지타산을 맞춘단 말인가? 어떻게 월별 현금 흐름에서 헌금을 빼내는데도 현금이 불어날 수 있단 말인가? 어떻게 재정상의 불확실성을 향해 발걸음을 옮기는 것이 세상에서 가장 확실한 재정 보증이 될 수 있단 말인가? 당신이 일단 시도해 보기 전까지는 결코 알 수 없을 것이다.

뒤집기 개입

이만하면 두려움을 꽤나 잘 해결했을 수도 있다. 감정이 결코 믿을 만한 안내자가 될 수 없다는 것은 누구나 안다. 당신이 따뜻한 팝콘과 차가운 음료수를 손에 들고 온도조절이 되는 안락한 영화관에 앉아있을지라도, 당신의 감정은 스크린에 나타나는 내용 때문에 완전히 전쟁터일 수 있다. 통계적으로 볼 때, 비행기를 탈 때의 최대 상해 위험률은 자동차를 타고 공항에 갈 때의 위험률보다 작다. 하지만 둘 중에 어느 상황이 사람들의 손에 땀을 쥐게 만드는가? 감정은 많은 경우에 우리에게 진실과 정반대의 것을 말해 준다. 감정은 마치 뒤집기 게임을 하는 것 같다.

노스 조지아(North Georgia) 산맥에 하일랜드(Highland) 캠핑장이 있다. 이 캠핑장은 고난도 모험 코스를 사용해서 인생의 교훈을 가르쳐준다. 그곳의 하이라이트는 고공 줄타기 코스이다. 두려움에 대해 얘기해 보면, 전봇대 꼭대기에서 7피트 떨어진 그네로 뛰어내린다는 생각만으로도 내 심장은 뛰기 시작한다. 그 코스에 포함된 또 다른 과정은 '고공낙하'라고 불린다. 그 이름만으로도 두려움을 자아낸다. 하지만 나는 고공줄타기 코스가 가르쳐주는 교훈을 사랑한다. 감정을 신뢰할 것인가 하나님을 신뢰할 것인가에 대한 정답을 가르쳐주기 때문이다. 일단 당신이 OSHA(미국의 직업 안전 위생 관리국-역주)가 인증한 안전벨트에 대해 확신이 서면, 당신은 더 이상 두려워할 필요가 없다. 사실, 두려움은 비합리적이다. 하지만 두려움이 비합리적이라는 것을 안다고 해서 두려움이 사라지는 것은 아니다. 고공줄타기 코스는 올바른 인식과 잘못된 인식이 우리의 결정에 어떻게 영향을 미치는지, 그리고 우리의 인생 코스—특히 재정 분야—에 어떻게 영향을 미치는지를 보여주는 좋은 예이다. 우리가 하나님의 안전벨트에 확실히 붙들려 있을 때조차도, 관대함을 향한 첫 발을 내딛기는 너무나 어렵다.

하일랜드 캠핑장과 같은 곳에 가서 지상 40피트 위를 걷거나 나무 꼭대기에서 바닥으로 뛰어내릴 기회가 생길 경우에 대비하여, 내가 내부관계자들만이 알고 있는 한 가지 비밀을 알려 주겠다. 하루 종일 겁에 질려있기보다는 재밌게 즐기기 원한다면, 낙하에 대한 두려움을 즉각적으로 없애줄 수 있는 간단한 방법이 있다.

당신이 안전벨트를 착용하자마자 그것을 머리 위에 있는 안전 케이블에 걸고 거기에 매달려 보라. 안전벨트를 하고 그냥 앉아 보라. 밧줄 위로 발을 내딛기 전에, 혹은 안전지대를 떠나기 전에, 떨어지면 무슨 일이 일어날까를 미리 느껴 보라. 그 경험은 놀랍다. 일단 사람들이 이 안전시스템 덕분에 낙하는 문제도 아니라는 사실을 깨달으면, 대개의 경우 이전에는 가져보지 못한 확신을 갖고 밧줄을 대하게 된다.

넉넉한 헌금의 경우도 동일하다. 하나님이 당신의 필요를 채우시리라고 확신한다면, 무슨 일이 일어날지를 미리 느껴 보라. 그러면, 그 경험은 즉각적으로 당신의 관점을 영원히 바꿀 것이다.

만약 하나님이 당신의 재정에 간섭하신다면, 당신은 더 안전하다고 느끼겠는가 아니면 덜 안전하다고 느끼겠는가? 만약 하나님이 재정상의 위기상황에서 당신을 구해 주실 것을 믿는다면, 하나님은 처음부터 당신이 위기상황에 빠지지 않도록 막으실 수도 있지 않겠는가?

그렇다면 무엇이 더 합리적인가?

분명한 것은, 하나님은 우리의 지갑을 강제로 다루지 않으신다는 사실이다. 하나님은 우리가 하나님을 우리 소유물의 주인으로 모시기를, 그래서 우리의 재정에 간섭하시도록 초청하기를 기다리신다. 그것은 당신이 이미 갖고 있는 것 중에서 헌금하는 것을 의미한다. 수입에 대한 십일조이건, 순 자산의 일부를 주는 것이건, 하나님이 당신의 마음에 생각나게 하신 얼마의 액수이건 간에 말이다. 물론,

그것은 한편 통제권에 대한 포기도 의미한다. 그리고 하나님이 당신에게 더 큰 재정상의 임무를 주시도록 초청하는 것을 의미한다. 그 부르심은 압도적이다. 그런데도 그런 기회를 놓친다면 너무 슬프지 않겠는가?

다시 말하지만, 이러한 결단은 얻기 위해 주는 것이 아니다. 하나님의 식권을 얻기 위한 것도 아니다. 이것은 지금까지 당신 안에서 관대한 마음을 방해해 온 두려움을 중화시키는 것이다. 이것은 하나님의 우주적 계획에 동참하는 스릴을 발견하는 것이자, 당신의 후원자가 모든 양식을 소유하신 분이라는 사실을 아는 것에서 오는 안전함을 경험하는 것이다. 우리가 씨를 뿌릴 때, 하나님은 놀라운 방법으로 나타나신다. 일단 당신이 하늘에 계신 사랑하는 아버지의 완벽한 예비하심을 경험하고 나면, 모든 두려움은 물거품처럼 사라지기 시작할 것이다.

씨 뿌리기 수업

이제 당신이 4장까지 읽었으니, 당신은 재정 영역에 하나님을 초청할 준비가 되었다. 두려움에 직면할 준비도, 씨 뿌리기를 시작할 준비도 되었다. 당신은 씨를 뿌리지 않고는 수확물을 기대할 수 없다는 사실도 이미 알고 있다. 부드러운 성령의 바람 아래 반짝이고 있는 황금들녘을 상상할 수도 있다. 이제 당신은 믿음의 씨를 뿌릴 준비가 되었다.

아마도 당신은 "내가 얼마나 헌금해야 하지? 어디에 헌금해야 하지? 그리고 언제 헌금해야 하지?" 등을 궁금해

할 것이다. 이제부터는 씨 뿌리기 위해 따라야 할 몇 가지 매우 실제적인 단계들을 살펴보자.

헌금에 대한 하나님의 계획

성경에는 "얼마나?"라는 질문에 대한 답을 제공해 주는 간단한 원칙이 있다. 그 답은 우리가 이미 고린도후서에서 살펴봤던 동일한 구절에 들어 있다. 여기에서 사도 바울은 얼마나 헌금해야 하는지를 정확하게 설명하고 있다.

> "각각 그 마음에 정한대로 할 것이요 인색함으로나 억지로 하지 말지니 하나님은 즐겨 내는 자를 사랑하시느니라"(고후 9:7)

당신이 기대한 것은 재무계획표 같은 것이었을지도 모르겠다. 하지만 바울은 총이익이나 순이익을 계산하지 않았고, 감가상각 일정이나 배당금표도 짜지 않았다. 그는 단지 마음에 정한대로 헌금하라고 말한다. 그뿐이다. 이 말이 그리 실재적인 대답으로 여겨지진 않겠지만, 우리가 헌금에 대해 안내받을 수 있는 유일한 대답이다.

보기에 따라, 이 계획은 참신할 정도로 단순하다. 바울은 특정 퍼센트나 액수를 언급하지 않고, 강요하는 기색도 없다. 바울은 "인색함으로나 억지로 하지 말지니 하나님은 즐겨 내는 자를 사랑하신다."라고 말할 뿐이다.

바울은 수동적으로 헌금하거나 죄책감 때문에 헌금하는 것을 제외시켰다. 만약 당신이 헌금에 대해 수동적이거나 죄책감의 마음가짐을 가지고 있다면, 하나님은 "그래, 됐다. 그냥 네가 가지렴. 나는 다른 사람을 알아볼 테니"라고 말씀하신다. 하나님은 흔쾌히 즐겁게 헌금하지 않는 사람은 여전히 자기 자신을 청지기가 아닌 소유주로 여기고 있음을 아신다. 하나님은 당신의 돈을 받아서 당신을 실족하게 만들기보다는, "아니다. 네가 이해하지 못하는구나. 나는 우리가 파트너가 되길 원한단다. 나는 주인으로 너는 청지기로 말이지."라고 말씀하신다.

당신이 청지기로서의 역할을 받아들일 때, 비로소 진심 어린 헌금을 할 수 있다. 당신은 영원한 목적을 성취하는 일에 하나님의 파트너가 된 자신의 모습을 발견하고, 스스로 헌금 계획을 짜보기도 할 것이다. 청지기는 헌금 주머니가 돌려질 때까지 기다려서 얼마를 헌금할지 결정하지 않는다. 헌금의 문제가 그에게 매우 중요한 의미를 갖기 때문에 상당히 신중하게 생각한다. 청지기는 헌금해야 하는 이유를 이해하고 있으며, 자기 헌금이 수혜자에게 어떤 영향을 미칠지 상상해 볼 수 있다. 청지기의 입장에서 헌금에 접근할 때, 진심으로 헌금하고자 하는 마음이 생긴다.

반면, 당신이 강요에 의해 헌금할 때에는 헌금에 대해 별생각을 하지 않는다. 대개 이런 헌금은 요청에 대한 충동적인 반응으로서, 죄책감이나 압박감, 혹은 재정난에 대한 두려움과 함께 온다. 그리고 이 헌금은 십중팔구 쓰고 남은 돈으로 헌금한 것이다. 우리는 이미 하나님은 즐겨 내는 자를 사랑하신다는 사실을 알고 있다. 하나님은 당신이 수동적으로 헌금하길 원하지 않으신다. 그분은 당신이 집으로 돌아가 씨앗 창고를 들여다보고, 얼마나 심을 것인지를 마음으로 결정하기 원하신다. 당신의 현재 상황, 당신의 인생, 당신의 잠재력을 깊이 고려하기 원하신다. 또한 이 일에 가족 모두의 합의가 있기를 원하시며 기도하며 먼저 계획하길 원하신다. 퍼센트일 수도 있고 금액일 수도 있다. 하지만 그 계획은 당신이 깨끗한 마음으로 결정한 것이기에, 당신은 "하나님, 여기에 당신이 제게 축복해 주신 씨앗이 있습니다. 이제 제가 그 씨앗의 몇 퍼센트를 드려야 할지 혹은 얼마를 드려야 할지를 결정할 때 당신이 도와주십시오. 그러면 제가 결정하겠습니다."라고 말할 것이다.

그러면 시기가 적절하든지 못하든지 간에, 당신은 하나님이 당신에게 주신 계획을 신실하게 지키게 된다. 그리고 당신이 신실하게 그 계획을 지키면, 하나님은 당신이 헌금한 것에 따라 당신에게 되돌려 주시고 당신을 축복하신다. 이 약속은 부자가 되는 약속이 아니다. 이 땅의 모든 부를 소유하신 하나님이 그분의 부를 흩으시고 세계적인 목적을 위해 다시 모금하실 때에 당신을 사용하기 원하신다는 약속이다.

헌금은 하나님과의 관계 속에서 경험되어야 한다. 하나님과 더 친밀해지지 않는다면, 즉 마치 하나님이 헌금을 강요하거나, 헌금을 하나님께 돌려드리는 진심어린 헌신의 표현으로 생각한다면 당신은 헌금의 참 의미를 놓치고 있는 것이다. 헌금은 수학과 관련되어 있기에, 생명 없는 공식이나 법적인 의무로 전락할 수 있는 잠재성이 항상 존재한다. 하지만 그것은 성경적인 헌금, 신약이 말하는 헌금이 아니다. 만약 당신이 마음에 결정한 대로 헌금하겠다는 정책을 세우면, 기계적인 헌금, 열정 없는 헌금, 판에 박힌 헌금이 되지는 않을 것이다.

계획 실행하기

즐거이 헌금하는 것이 당신의 계획의 핵심이어야 함은 분명하다. 하지만, 한번 생각해 보자. 관대함의 파도에 의존하는 것이 저절로 계획의 중요 부분을 구성하게 되는 것은 아니다. 그러므로 한 단계 더 나가서 관대함의 실제적인 구조를 살펴보자. 이 안내 지침은 당신이 올바른 방향으로 나아가는 데 유용한 도움을 줄 것이다.

헌금에 대한 나의 권고에 한계를 정하기 위해 한 가지 계획을 제시하고 싶다. 이 계획은 흑백논리도 아니고 단계적이지도 않다. 다만, 당신이 하나님의 마음과 동행할 수 있게 해줄 청사진이다. 우선, 계획을 세운다는 단순한 생각은 좋은 생각일 뿐만 아니라 성경적인 생각이다(신 14:22). 나는 단지 '성령이 인도하시는 대로' 즉 생각날 때마다 헌금하는 것은 충분하지 않다고 생각한다. 물론 하나님이 당신을 인도해서 때마다 시마다 자발적으로 헌금하고 관대함을 항상 당신의 최우선 동기가 되게 하실 수 있다. 하지만 계획을 세우는 것은 성경이 재정 관리에 대해 말하는 중심에 있다. 게다가, 계획 없이 헌금하면 당신은 감정에 약해지게 된다. 우리가 앞서 살펴보았듯이, 감정은 두려움의 영향을 받을 수 있다. 헌금에 있어서 최선의 전략은 두 방향에서 접근하는 것이다. 하나는 기본 계획을 따르는 것이고, 나머지 하나는 특이한 경우가 발생했을 때 기꺼이 자발적으로 헌금하는 것이다.

3Ps

기본 계획을 따르는 헌금에서부터 시작해 보자. 좋은 계획은 얼마나 헌금해야 하는지, 언제 헌금해야 하는지 등과 같은 실제적인 이슈를 살펴볼 때 좋은 안내자가 될 것이다. 성경이 헌금에 대해 말하고 있는 것을 전부 조사하다보면, 반복되는 몇 가지 주제가 등장한다. 성경은 모든 상황마다 어떻게 해야 하는가를 정확하게 말해 주지 않지만 핵심 원칙들을 명백히 밝히고 있다. 그 원칙들은 당신이 좋은 결정을 내리고 건실한 계획을 세우는 데 도움을 준다. 좋은 교육 계획이 '3Rs' 위에 세워지듯이, 좋은 헌금 계획은 '3Ps' 위에 세워진다. 3Ps란, 맨 먼저 드리는 헌금(Priority giving),

버는 만큼 드리는 헌금(Percentage giving), 점점 더 드리는 헌금(Progressive giving)을 말한다.

맨 먼저 드리는 헌금(Priority Giving)

첫 번째 P는 우선순위(priority)를 상징한다. 매월 예산 목록에 들어가는 모든 항목들 중에서 헌금이 최우선순위가 되어야 한다. 그냥 '중요한 것'이 아니라 '가장 중요한 것'이어야 한다. 임대료를 내거나 식료품을 사거나 청구서를 지불하기에 앞서, 당신이 써야 할 최초의 가계수표는 교회와 후원하는 다른 사역지로 보내져야 한다는 것이다. 그 이유는, 만약 다른 지출을 먼저 하게 되면 그것이 헌금의 최저치에 영향을 주기 때문이다. 그것이 우선순위가 미치는 영향이다. 첫 번째가 되는 것은, 그것이 무엇이건 간에 그 뒤에 오는 모든 것에 우선한다. 우리가 앞서 토론했던 것처럼 헌금을 결정하는 데에는 관대함이 핵심 역할을 해야만 한다. 사실상, 하나님은 헌금 계획에서 관대함이 가장 중요한 추진력이 되어야 한다고 말씀하신다. 관대함은 필요한 양식을 공급받은 직후에 최고조에 달하는 경향이 있다. 그 양식이 매월의 필수 지출액에 의해 줄어들 때까지 기다리게 되면 관대함은 짓눌리게 된다. 하지만 헌금을 최우선순위에 놓으면, 다른 모든 것은 하나님의 사역 다음 자리에 적절히 배치될 것이다.

수표 원장을 기록할 때 하나님을 최우선순위에 두면, 하나님의 몫을 하나님께 드릴 때 부족함이 없게 된다. 하나님을 대규모 저녁 식사에 초청해 놓고는 맨 마지막에 대접한다고 상상해 보라. 오, 이런! 하나님께 드리기 직전에 음식이 바닥났기 때문에 냉장고에 달려가 남은 음식을 긁어 모은다. 현실 속에서라면 당신은 하나님께 절대로 그렇게 대하지 않으리라. 그러므로 당신의 재정문제에서도 그렇게 해서는 안 된다. 하나님의 몫을 먼저 떼어놓으라. 그러면 당신의 가장 중요한 손님을 욕되게 하는 일은 없을 것이다.

내 아내는 훌륭한 요리사이다. 친구들과 함께 저녁식사를 할 때마다, 이상한 결과가 전개된다. 우리 수중에 있는 식료품의 양이 얼마가 되든지 간에, 아내 샌드라는 손님 접대를 위해 세운 계획에 따라 재료를 사러 가게에 다녀온다. 집에 음식이 없어서가 아니다. 친구들을 초청한다는 것에는 오직 그들만을 위해 한 끼를 준비한다는 의미가 포함되어 있기 때문이다. 그래서 우리 가족은 손님들이 식사를 즐

긴 후에 다음날까지 남은 음식을 즐기게 된다. 우리는 손님들을 먹이기 위해 준비했던 음식들이 아직도 냉장고에 많이 남아 있다는 것을 안다. 그렇더라도 친구들을 첫 번째 음식으로 존중해 주고 남은 음식을 우리에게 주는 것이 더 합당하다.

하나님께 드리는 헌금도 이와 같아야 한다. 우리는 수입의 첫 부분으로 하나님께 영광 돌려야 한다. 남은 것을 드려서는 안 된다. 이 말은 당신이 월급을 받았을 때, 하나님의 몫에 해당하는 수표를 먼저 끊어야 한다는 것을 의미한다. 그 후에 남은 것으로 청구서를 지불하거나 식료품을 사는 등의 필요를 채워야 한다. 이것이 맨 먼저 드리는 헌금의 정의이다.

버는 만큼 드리는 헌금(Percentage Giving)

두 번째 P는 백분율(percentage)을 상징한다. 버는 만큼 드리는 헌금 중에서 내가 가장 좋아하는 내용은 이것이 헌금의 전 과정을 객관화한다는 점이다. 두려움이 지갑에 영향을 미치지 못하게 하면 할수록, 재정문제에서 하나님을 떠나 방황하게 될 위험은 적어진다. 수입의 일정 비율을 헌금하기로 헌신하면, 수입이 꽤 줄어 가난해진다. 숫자는 거짓말을 하지 않는다. 하늘에 계신 아버지가 당신의 필요를 공급하실 것을 확신하든 못하든 간에, 10퍼센트는 언제나 10퍼센트이다. 그래서 당신이 몇 퍼센트를 선택하던지 간에, 당신은 감정의 요동 속에서도 겨냥할 수 있는 목표를 갖게 된다.

이제 수입의 10퍼센트를 헌금하는 '십일조'에 대해 살펴보고자 한다. 나는 구약에 대한 모든 종류의 학적인 연구물들을 제시할 수 있고, 레위기의 율법과 신약의 은혜 교리를 조화시켜 설명할 수도 있다. 하지만 그것은 그다지 필요하지 않다. 당신이 하나님으로부터 1달러 지폐 열 장을 받았다고 상상해 보라. 하나님이 주인이고 당신은 단지 청지기에 불과하다는 사실을 기억하라. 당신은 손에 쥐어진 지폐들을 보고 이렇게 말할 것이다.

"하나님, 하나님이 제게 하나님의 소유 중에서 열 장을 건네주셨군요. 제가 이 돈으로 무엇을 하기 원하시나요? 이 돈을 다시 돌려드릴까요?"

하나님은 이렇게 말씀하신다.

"그 중에 한 장만을 다오."

혼란스런 당신은 이렇게 대답한다.

"한 장만요? 정말이세요?"

하나님이 말씀하신다.

"물론이지. 내게 한 장만을 다오."

당신이 묻는다.

"그럼, 나머지 아홉 장으로는 무엇을 하기 원하시나요?"

하나님이 대답하신다.

"네가 하고 싶은 것은 뭐든지 하렴."

당신은 믿을 수 없어서 외친다.

"하나님, 당신은 지금 제게 10달러를 주고 1달러만을 원하셨죠? 그리고 남은 9달러는 나를 위해 쓰게 되는 거죠?"

이제 깨달았는가? 기업연금을 관리하기 위해 고용한 재정관리인에게 재산의 90퍼센트를 주는 것을 상상이나 해 보았는가? 그런데 그게 바로 하나님이 당신에게 하신 일이다. 하나님이 당신에게 요구하는 것은 원금의 1/10이다. 재미있지 않은가? 그런데도 우리는 하나님께 아무것도 드리지 않으려고 안간힘을 쓴다.

하나님을 당신의 재정 소유주로 생각하고 접근하면, 버는 만큼 하나님께 헌금하는 것은 매우 합당하게 여겨질 수

밖에 없다. 하나님이 버는 만큼 드리는 헌금을 기뻐하신다는 성경 근거를 찾는다면—당신이 그것을 순종으로 부르건, 즐겨 내는 헌금으로 부르건 간에—10퍼센트가 좋은 시작점이 된다(창 28:22). 10퍼센트는 구약 성경에서 기준이 된 양이므로, 하나님이 그 양을 합당하게 정하신 것으로 간주할 수 있다. 하나님은 정교한 공식을 아시므로, 10퍼센트는 우리 부의 증감에 따라 마음이 흔들리는 것을 막을 수 있는 정확한 양이다. 그 이유는 확실히 모르지만, 하나님이 이 문제에 대해 말씀하실 때 10퍼센트를 요구하셨다. 구약 시대는 오래 전에 지나갔지만, 오늘날에도 10퍼센트는 여전히 좋은 기준점이 된다.

이제 당신은 10퍼센트를 기꺼이 드리겠는가? 아니면 아직도 두려운가?

나는 당신이 십일조를 낼 준비가 되었든지 안 되었든지 간에, 구체적인 숫자를 정해서 버는 만큼 드리는 헌금을 시작하길 바란다. 이 헌금은 기준을 세우는 최선의 방법일 뿐만 아니라, 기타 의사결정 과정을 다루는 최선의 방법이다. 당신은 몇 퍼센트의 헌금을 결정했는가? 5퍼센트는 어떤가? 비록 무릎이 떨릴지라도, 그래서 겨우 1퍼센트만 드릴

지라도, 당신이 일정 비율을 헌신해서 지켜가길 강권한다. 더 많은 훈련이 필요하다면, 시간표를 짜서 30일이건 60일이건 노력해 보고 결과를 관찰해 보라.

어쨌든 그곳이 어디든지 간에 '시작'이 중요하다. 왜냐하면, 당신은 시도해 보기 전에는, 창조주 하나님이 당신의 재정 영역으로 들어오시려 할 때 그분의 개입을 피하려하기 때문이다. 그러나 일단 하나님을 직접 만나게 되면 당신은 충분한 동기부여가 될 것이다. 퍼센트를 결정하라. 그리고 다음달 봉급부터 시작하라.

마지막으로, 많은 사람들이 내게 질문하는 것은 총액에 대한 10퍼센트이냐 순액에 대한 10퍼센트이냐의 문제이다. 그 질문에 대해 나는 이렇게 반문한다. "당신은 어떤 종류의 추수를 원하시죠? 순량입니까, 아니면 총량입니까?" 당신은 지금 씨를 뿌리고 있음을 기억하라. 당신이 뿌린 만큼을 거두게 될 것이다. 당신은 어떻게 재정을 관리했느냐에 따라 영원한 보상을 받을 것이다. 당신은 총액으로 보상받길 원하는가, 아니면 순액으로 보상받길 원하는가? 나는 총액의 십일조가 합리적이라 생각한다. 나는 당신이 일단 마음의 결정을 내리면 가변비용을 조절해서 생활양식을 맞

취갈 수 있다고 믿는다.

점점 더 드리는 헌금(Progressive Giving)

세 번째 P는 점진적(progressive)을 상징한다. 점점 더 드리는 헌금이란, 몇 년에 걸쳐서 단계별로 헌금의 퍼센트를 높여가는 것을 뜻한다. 수년간 10퍼센트를 헌금해 왔다면, 이제는 12퍼센트나 15퍼센트로 올릴 때가 되었는지도 모른다. 왜 이것이 좋은 생각인지에 대한 이유가 있다. 믿음과 신실함은 함께 자란다. 분리되지 않는다. 믿음이 성장하면, 신실함도 반드시 발전한다.

하나님은, 당신이 지구상에 살아 있는 한, 당신의 믿음이 지속적으로 성장하도록 의도하셨다. 당신을 향한 하나님의 계획은 당신이 단계적으로 조금씩 그리스도를 닮은 형상으로 변화되는 것이다. 그것이 믿음의 본성이다. 믿음의 과정은 꾸준하고, 그 목표는 그리스도의 형상이다.

이제 재정문제로 들어가 보자. 당신의 믿음은 이 문제에 있어서도 계속 성장해야 한다. 그러나 헌금을 증가시키지 않는다면 성장할 수 없다. 즉, 20년 동안 10퍼센트를 헌금해 왔지만 결코 그 퍼센트를 높여본 적이 없다면, 당신은 성장하지 않은 것이다. 물론, 당신은 확고부동한 면에서는 충직했고, 그것은 대단한 일이다. 하지만 당신의 믿음이 성장하려면 때때로 크게 펼쳐질 필요가 있다. 즉, 당신은 재정의 소유자로서 하나님께 위탁하는 퍼센트를 점점 더 높여가야 한다.

지난 몇 년간, 아내와 나는 수차례에 걸쳐 헌금을 늘리는 것에 대한 도전을 받았다. 우리는 매년은 아니지만 대체로 언제 목표액을 다시 설정해야 하는지를 분별할 수 있다. 처음으로 십일조를 시작할 때, 그 경험은 매우 영적인 것이다. 일반 경제학의 입장에서 볼 때 돈을 날리는 것인데도, 당신이 자발적으로 십일조를 한다는 것은 정말 믿기 어려운 일이다. 그러나 하나님이 당신의 인생에 개입하시리라는 믿음과 하나님에 대한 존경심에 내재된 스릴감이 자발적인 헌금에 저항할 수 없게 만든다. 헌금을 통해서 하나님을 만날 수 있기 때문에 헌금은 짜릿한 일이다.

어느 정도의 시간이 흐르면 십일조는 쉬운 일이 된다. 다른 데에서는 거의 느낄 수 없는 반사작용과 같이, 두 번째 본성이 된다. 하지만 헌금은 언제나 짜릿하고, 영적이고, 하나님과 가까이서 만나는 경험이어야만 한다. 그러므로 만약 헌금이 평범한 일상이 된다면, 이때야 말로 재정상의 믿음을 조금 더 확장할 때이다. 당신이 헌금하는 목적이 하나님의 필요를 후원하기 위한 것과 동시에 하나님이 당신의 필요를 공급하시리란 것을 억지로 믿겠는가?

이것이 바로 성장하는 믿음이 무엇인가를 보여 주는 것이다. 오랜 기간이 지나면 단지 몇 퍼센트의 헌신으로는 충분하지 못하다. 성장이란, 헌금의 목표액을 검토해서 그 때 그 때 헌금의 퍼센트를 높이는 것을 의미한다.

특별히 더 드리는 헌금 (네 번째 P)

자, 이제는 헌금의 두 가지 전략 중에서 두 번째 부분에 대해 논의해 보자. 그것은 '특수한 경우에 자발적으로 헌금하고자 하는 의지'로 네 번째 P인 특별히 더 드리는 헌금 (Prompted Giving)이다.

계획이 있다는 것은 중요하다. 하지만 하나님은 때때로 기계적인 공식을 넘어서는 특별 헌금을 하도록 촉구하신다. 모든 종류의 헌금 중에서 가장 관계적인 경험이라고 할 수 있다. 하나님이 살아서 움직이시고 당신과 교제하신다는 것을 아는 것 이상의 일은 없다. 하나님은 오직 당신만이 하나님 나라의 필요를 채울 수 있는 위치에 있다는 것을 알려 주심으로써 촉구하신다.

나는 앨라배마 주의 어느 청년 캠프에서 설교한 적이 있었다. 그 캠프의 찬양 인도자는 하나님을 향한 기쁨에 충만한 사람이었고, 그 캠프에서 찬양을 인도하기 위해 먼 걸음을 한 사람이었다. 한 주를 보내는 동안, 아내와 나는 그 찬양 인도자와 그의 아내가 첫 아이를 갖고 싶어 한다는 것을 알게 되었다. 그 부부는 매우 들떠 있었지만, 아이를 갖는 데 필요한 진료비가 그들을 재정적으로 어렵게 했다.

그 주의 절반가량이 지났을 때, 하나님이 내 마음에 촉구하셨다. "이 형제에게 네가 받게 될 설교 사례비를 주면 어떻겠니?"라고. 아내와 나는 함께 상의했고 그렇게 하기로 결정했다. 그것은 조금은 두려운 일이었다. 왜냐하면 우리는 내가 얼마나 받게 될지도 모르는 상황이었기 때문이다. 사례비가 너무 커서 우리가 그 형제에게 주려고 했던 것 이상이면 어떻게 하지? 하지만 우리는 그 부부에게 우리가 받게 될 사례비의 전부를 주기로 결심했다. 그리고 그렇게 했다.

이것이 내가 의미하는 '특별히 더 드리는 헌금'이다. 우리가 드리는 정규적인 십일조가 아니다. 그것 이상이다. 몇 주 후에 받은 편지를 통해 알게 된 것은, 하나님은 그 헌금을 놀라운 방식으로 사용하셔서 그 부부가 아이를 갖는 데 필요한 비용을 채우신 것을 알게 되었다.

특별히 더 드리는 헌금은 당신의 관점을 바꾼다. 당신은 더 이상 하나님을 자동판매기로 보지 않고, 하늘에 계신 당신의 아버지로 보기 시작한다. 인생길을 걷는 동안, 하나님은 당신에게 끊임없이 도움이 필요한 사람들을 소개해 주신다. 때로는 그것이 영적인 필요일 수도 있고, 육체적인 필요일 수도 있다. 때로는 당신이 도움이 필요한 사람일 수도 있고, 당신이 도움을 줄 수도 있다. 이것이 바로 교회가 일하는 방식이며, 인류가 일하는 방식이다. 청지기인 우리는 하늘에 계신 아버지와 교제하고 세상에 있는 그분의 자녀들의 필요를 채우는 특권을 가지고 있다. 당신의 헌금에 촉구됨의 요소가 없다면, 전 과정은 매우 차갑고 계산적이 될 것이다. 특별히 더 드리는 헌금은 교회의 심장박동과도 같다.

요한일서 3장 17절에서 예수님은 이렇게 물으신다. "누가 이 세상 재물을 가지고 형제의 궁핍함을 보고도 도와 줄 마음을 막으면 하나님의 사랑이 어찌 그 속에 거할까보

냐?" 하나님은 다른 사람의 필요를 기회로 삼아 하나님의 사랑이 우리 안에 살아계심을 보여 주신다. 많은 경우에 그런 기회는 촉구된 특별 헌금, 즉 정기적인 예정표에서 벗어난 헌금을 통해서 드러난다.

나는 세 자녀에게 정기적으로 용돈을 준다. 하지만 때때로 방학을 맞이하거나 하면 여분의 용돈을 준다. 그 용돈은 예정에는 전혀 없던 것으로, 정기적인 용돈과 함께 준다. 하나님 나라에 헌금하는 것도 마찬가지이다. 형제가 궁핍함에 처한 것을 보면, 당신이 이미 헌금을 했느냐 안했느냐는 중요하지 않다. 하나님이 주시는 생각, 네가 형제의 예기치 못한 필요를 채우라는 생각에 마음을 열어야 한다.

'하나님'이라는 요소

당신은 이제 헌금에 대해 포괄적인 윤곽을 잡게 되었다. 그 계획에는 '3Ps'에 기초한 계획이 기본으로 포함되는데, 그 계획은 특별한 필요를 채우기 위해 하나님에 의해 '촉구된 특별 헌금'에도 민감하게 영향을 받는다.

여기에서는 두려움에 대해 좀더 얘기해 보도록 하자. 당신은 당신의 봉급액과 지출액이 적힌 종이 위로 이 계획을 보면서 "우리는 이걸 감당할 능력이 안돼!"라고 생각하고 있을지도 모른다. 만약 당신이 그렇게 반응하고 있다면, 당신이 깜빡 잊고 포함시키지 않은 방정식의 한 요소가 있다. 바로 '하나님'이라는 요소이다.

목사인 나는 당신이 이제껏 들어본 어떤 이야기보다도 믿을 수 없을 만큼 지독하게 어려운 재정난에 대해 들어 보았다. 지난 몇 년 동안, 나는 빚더미에 앉게 되었거나 마이너스 현금 흐름을 갖게 된 수백 명의 사람들을 상담했다. 그들로서는 교회나 선교사역에 헌금한다는 것은 이치에 맞지 않는 일이다. 하지만 웬일인지 그들이 용기를 내어 헌금할 때, 그들의 삶은 바뀌기 시작했다. 시간이 흐를수록, 나는 십일조에 대해 초보적인 두려움을 갖고 있는 정반대의 사람들의 이야기도 들었다. 그런데 꾸준히 보고 되는 것에 의하면, 일단 그들이 헌금을 시작하자 하나님이 그들의 재정에 간섭해 주셨다고 한다. 예기치 않게 돈이 들어왔고, 그들이 계획했던 시간 안에 빚을 갚았다. 나는 지금 신비하게 보이려고 애쓰는 것이 아니다. 헌금이 하늘에 계신 아버지가 당신의 재정에 간섭하시도록 문을 열어 준다는 사실을 그 사람들이 삶으로 증명하고 있다.

루디(Rudy)와 트리나(Trina) 부부는 신용카드, 주택융자, 자동차융자, 학자금융자 등으로 약 2만 달러의 빚을 지고 있었다. 그들은 도무지 생활을 꾸려나갈 수가 없었다. 그런데 최악의 상황으로, 트리나가 임신했다는 것과 출산휴가를 끝내고 직장에 돌아올 때까지 봉급이 삭감된다는 것을 알게 되었다. 그 부부는 어떻게 해야 할지를 몰랐다. 마침 그 주일에 나는 십일조를 해서 하나님이 재정문제에 관여하시게 해야 한다는 내용을 설교했다. 설교가 끝난 후, 루디와 트리나가 내게 와서 몇 가지 질문을 던졌다. "목사님, 모든 일이 이렇게 엉망진창인데도 지금 헌금을 시작하란 말씀입니까?" 나는 그들과 같은 처지에 있는 누구라도 지금 당장 청지기로서의 재산 관리에 착수해야 한다고 설득했다.

약 2년 후에 나는 루디와 트리나에게서 편지 한 통을 받았다. 그때 태어난 아들이 이제 막 걷기 시작했다는 것이다. 그 편지에 의하면, 그 부부는 당시에 이해할 수는 없었지만 나의 충고를 따라 헌금하기로 결심했었다고 했다. "목사님, 빚이 없다는 것이 얼마나 기분 좋은 일인지를 어떻게 설명해야 할지 모르겠어요!" 그들이 십일조를 시작한지 몇 주 내에, 그들의 재정에 영향을 미칠 놀라운 사건들이 발생했다고 한다. 우선, 트리나가 다녔던 대형 회사가 출산휴가 문제로 소송사건에 연루되었다. 그 소송은 트리나와는 전혀 상관없었지만, 회사 측은 더 큰 문제에 휩싸이지 않기 위해 새로운 고용정책을 법제화하는 등 즉각적인 조치를 취했다. 그 결과, 트리나는 특별 종합 보상으로 예기치 못한 3만 5천 달러를 받게 되었다. 신용카드와 학자금융자를 갚기에 충분한 돈이었다. 게다가 트리나는 재택근무를 할 수 있는 새로운 지위를 받게 되었다.

한편, 루디 또한 뜻밖의 이익을 얻게 되었다. 그의 직장 상사 중 세 명이 예기치 않게 다른 회사로 옮기게 된 것이다. 루디는 직제개편 와중에 통상 몇 년이 걸려야 올라갈 수 있었던 직위까지 승진하게 되었다. 그는 회사가 제공해 준 자동차와 승진 보너스 덕분에 자동차융자금을 깨끗이 갚을 수 있었다. 새로운 봉급액은 트리나가 직장생활에서 완전히 손을 떼고 아이를 키우는 일에만 열중할 수 있을 만큼 매우 넉넉했다.

루디와 트리나의 편지에서 최고의 이야기는 그들이 후원했던 사역에서 얻게 된 풍성한 결과에 관한 것이었다. 그들은 복음전도 프로젝트에 참여했던 이야기들과 자발적으로 동네 사람들의 필요를 채워 주었던 이야기들을 들려 주었다. 그들은 하나님의 재산을 관리하는 청지기로서의 역할을 진정으로 이해하고 있었다.

놀라운 것은 나는 이와 같은 이야기를 매우 자주 듣게 된다는 것이다. 종이에 적힌 것만 볼 때는 이치에 맞지 않지만, 거기에는 '하나님'이라는 요소가 있다. 너무나 많은 경우에 하나님은 자녀들의 재정에 간섭할 수 있게 되기를 기다리고 계신다. 우리는 첫 발걸음을 떼서 우리의 씨앗을 뿌릴 수 있을 만큼 하나님을 신뢰해야 한다.

하늘에 계신 아버지가 당신의 필요를 채우신다는 사랑을 경험할 때, 당신의 두려움은 강적을 만나게 된다. 왜냐하면 완전한 사랑은 우리의 두려움을 떨쳐버리기 때문이다.

이것을 두려워하라

인류는 일이 잘못될 것을 지독하게 두려워한다. 역사의 흔적은 버림받은 두려움으로 얼룩져 있다. 인류의 운명은 두려움 때문에 잘못 지배된 적이 많았다. 뒤늦게야 그 어리석음을 깨닫게 된다.

고대부터 존재해 온 많은 두려움들은 인간의 생각이 완전히 역전되어도 끝나지 않는다. 일단 두통의 원인으로 악령들을 두려워하기 시작하면, 그 두려움은 두개골 사이로 악령들을 내쫓아야 한다는 두려움으로 더욱 발전된다. 매사추세츠 주의 살렘(Salem) 지역에 있었던 마녀에 대한 두려움은, 미치광이처럼 행동하기 시작한 사법제도에 대한 두려움으로 대체되었다. 수 세기동안, 지구에서 떨어질지 모른다는 두려움이 유럽인들의 아메리카 대륙 발견을 막았고, 결국 새롭게 발견된 엄청난 자원을 잃어버릴지도 모른다는 두려움으로 대체되었다. 우리는 어릴 적에 학교에 가는 첫 날을 두려워하지만, 교육 없이 자랄 것에 대한 두려움을 갖게 되면서 학문을 습득한다. 치과에 가는 것에 대한 두려움은 소홀히 하면 충치가 생길지도 모른다는 두려움과 상충된다. 이와 같이, 두려움의 목록은 끊이지 않는다.

모든 두려움은 순서에 따라 자리매김된다. 어떤 두려움은 다른 것에 비해 더 높은 순위에 놓인다. 즉, 두려움이 두려움을 대체한다는 것이다. 두려움과 싸우는 한 가지 방법은 그 두려움보다 상위에 있는 다른 두려움으로 그 두려움을 밀어내는 것이다. 한 가지 분명한 것이 있다. 두려움은 나약한 인간의 마음 안에 머물기 위해 존재한다는 것이다. 우리는 인생의 많은 시간을 두려움을 피하는 데 사용한다. 하지만 모든 노력을 기울여도 두려움은 사라지지 않는다.

어느 세대도 두려움에서 자유로운 세대는 없었다. 우리는 단 하루의 삶도 두려움의 요소 없이 보낼 수 없다.

그러므로 두려움은 피해 가야 할 대상이 아니라 이용해야 할 대상이라는 결론을 내려야 한다. 만약 두려움을 물에 비유한다면 절대로 메마를 날은 없을 것이다. 왜냐하면 물이 풍부하기 때문이다. 우리는 두려움을 극복해야만 한다. 당신도 알다시피, 사실상 두려움은 좋은 것이다. 위험에 대한 두려움은 생명을 보존하는 데에 유익하고, 실패에 대한 두려움은 성공에 박차를 가하는 데 생산적이다. 게다가 잠언 9장 10절은 "여호와를 경외하는 것이 지혜의 근본"이라고 가르쳐준다. 그러므로 두려움을 피하지 말고 우리의 두려움을 지혜롭게 선택해야 한다. 일이 잘못될 것을 두려워하면, 우리는 비이성적이 된다. 두려움의 우선순위를 잘못 매기는 것은 우리를 정말 큰 위험에 빠뜨릴 수 있다.

탁자 위에 두려움을 펼쳐놓고 그 우선순위를 정하는 시기가 빠르면 빠를수록 좋다. 당신의 두려움을 그 진정한 잠재력에 따라 분석하라. 그리고 그에 따라 우선순위를 정하라. 어떤 두려움이 진정으로 당신의 관심을 보증하는가? 어떤 두려움이 궁극적으로 당신 편인가? 두려움을 분류하는 데는 지혜가 열쇠이다.

하지만 두려움이 위협적이면 위협적일수록, 지혜를 적용해서 두려움을 분류하기는 더욱 더 어려워진다. 어떤 두려움이 상위에 있는가? 육체적 학대를 알리는 것인가, 아니면 조용히 입 다무는 것인가? 학대의 피해자는 알고 싶어 한다. 세계적 차원에서도 마찬가지이다. 히틀러나 카스트로, 사담 후세인과 같은 독재자에게 저항하는 것이 두려운가, 그것을 무시하는 것이 더 두려운가? 우리의 결정에 생사가 달려 있는데, 지혜는 교묘히 도망가 버린 것 같다.

혼합된 문제

돈에 관한 문제라면, 당신은 무엇을 가장 두려워하겠는가? 어떤 두려움이 최우선순위를 갖고 있는가? 어떤 염려들이 재정상의 결정을 이끌어 내겠는가? 당신도 나와 같다면, 종종 대형 경기 침체에서 살아남을 수 있을지를 염려할 것이다. 아니면, 당신을 재정적으로 침륜에 빠뜨릴 개인적인 비극을 두려워할 수도 있다. 게다가 '만약 아프면 어떻게 하지?'라는 악몽이 항상 존재한다.

우리가 돈을 어떻게 투자할 것인가에 대해 조심해야 하

는 이유가 있다. 그 이유는 바로 두려움이다. 일반적으로 두려움은 우리의 발목을 잡는 '만약'의 상황들을 성공적으로 헤쳐가기 위해서 돈을 비축하게 만든다. 하지만 이미 살펴본 것처럼, 그러한 두려움은 헌금하려는 우리의 결심을 약화시킬 잠재력을 갖고 있다.

연속되는 두려움의 한편에는 우리가 방금 논의했던 통찰력이 있다. 충분히 저축하지 못한 상황에서 재정적인 도전들에 직면하게 될 것을 두려워하는 대신, 하늘에 계신 아버지가 우리와 함께하지 않는 상황에서 동일한 상황에 직면하게 될 것을 두려워해야 한다. 당신이 가장 두려워하는 것이 무엇인가를 생각해 보라. 넉넉하게 소유하지 못하는 것인가, 아니면 하늘에 계신 아버지가 간섭하지 않는 것인가? 이 질문에 대한 답변이 당신이 미래에 하게 될 일을 결정한다.

아이러니하게도, 나는 이 장을 쓰는 동안 나의 사적 재산과 관련해서 매우 실망스러웠던 2년을 회상하게 되었다. 다른 미국인들처럼 나도 신중하게 투자한 포트폴리오가 1/2의 가치로 하락하는 것을 경험했다. 하지만 그 때를 되돌아보면서 내가 가장 후회한 것이 무엇인줄 아는가? 나는 모든 재산을 현금으로 유지했어야 했다고 후회하지 않았다. 나는 더 많이 헌금했어야 했다고 후회했다. 그랬다면 적어도 보여 줄 것은 있지 않겠는가. 결국 나는 이전에 비해서 재정적으로 덜 보장받고 하나님 나라 사역에도 덜 쓰임받게 되었다.

예수님은 마태복음 25장에서 이 점에 대해 완벽하게 설명해 주셨다. 그 비유에는 투자할 수 있는 돈을 받은 청지기가 나온다. 그런데 그는 그 돈을 투자하지 않고 안전하게 묻어두었다. 후에 그는 자신의 행동을 설명하면서 혹시 자기가 어리석게 투자했다가 잃어버릴까봐 두려웠다고 고백한다. "주여 당신은 굳은 사람이라… 두려워하여 나가서 당신의 달란트를 땅에 감추어 두었었나이다"(마 25:24, 25). 그 청지기는 안전하게 숨겨두었다가 주인이 돌아왔을 때 완전하게 돌려주는 것이 낫다고 생각했다. 그는 주인의 지시에 불순종하고 자신의 두려움에 따라 행동했다. 그의 생각은 옳지 않았다.

청지기가 자기 행동이 어떤 결과를 낳았는지 깨닫자, 갑자기 새로운 두려움이 청지기의 마음을 사로잡았다. 새로운 두려움이란, 그가 처음에 달란트를 땅에 묻기로 결정했을 때 품었던 두려움보다 훨씬 더 나쁜 것이었다. "이 무익

한 종을 바깥 어두운 데로 내어 쫓으라 거기서 슬피 울며 이를 갈이 있으리라"(마 25:30).

이 청지기는 두려움의 우선순위를 제대로 정하지 못했기 때문에 결국은 두려움을 평가하는 데 실패했다. 그는 앞에 있는 결과는 두려워했지만 지혜가 부족했기 때문에 뒤에 있는 더 큰 두려움을 야기했다. 그는 두려움에 따라 행동했기 때문에 그 문제를 해결하지 못했다. 사실 그는 아무것도 하지 않음으로써 두려움을 혼합시켜 버렸다.

당신에게 다시 한 번 더 묻고 싶다. 당신은 무엇을 가장 두려워하는가? 넉넉하게 소유하지 못한 것인가, 아니면 하늘에 계신 아버지가 당신의 재정문제에 간섭하지 않는 것인가? 미래의 불확실성이 당신의 최대 관심사라면, 당신은 먼저 당신 자신의 나라를 구할 것이다. 재정에 대한 하나님의 간섭을 놓치는 것에 대한 두려움이 넉넉하게 소유하지 못한 것에 대한 두려움보다 위에 있다면, 당신은 먼저 하나님 나라를 구할 것이다. 두려워하지 않고 결심한 대로 넉넉하게 씨를 뿌릴 것이다. 그리고 그 결과는 인간의 논리로는 설명할 수 없는 '평안'과 하찮은 행복을 상대적으로 무색하게 만드는 '기쁨'이다.

당신이 가장 두려워하는 것이 미래를 위해 저축할 것이냐, 미래를 위해 헌금할 것이냐를 결정한다.

유통기한 만료

아카데미 수상작이자 책으로 나온 『쉰들러 리스트』(Schindler's List)는 절망적인 상황에서 최선의 결과를 내고자했던 한 남자의 노력을 다룬 실화이다. 나치 독일에 있는 군수 공장의 공장장이었던 오스카 쉰들러(Oskar Schindler)는 자신의 지위를 이용해 유대인들의 생명을 구하기로 결심한다. 쉰들러는 유대인들을 공장노동자로 고용함으로써 저주받은 그들을 가스실에서 구해낼 수 있었다. 하지만 거기에는 대단한 비용이 따랐다. 그는 공장을 유지하고 고용인들의 생명을 보증하기 위해 조금씩 사유재산을 청산해 갔다. 그는 파산하지 않고 가능한 한 많은 사람들을 돕기 위해 치밀하게 예산을 세웠다.

결국 나치는 패배한다. 죽은 자들의 수가 헤아려지고 산 자들이 비틀비틀 자유를 찾으면서 쉰들러의 노력의 진면목이 드러난다. 대단원의 막을 내리면서 오스카 쉰들러는 놀라운 사실을 깨닫는다. 더 많은 사람들을 구할 수도 있었다는 사실을 말이다. 그는 지독한 낙담에 휩싸여서 여전히 자기 재산 중에 남아 있는 물건들을 바라보며 한탄한다. 이 정도의 물건이라면 더 많은 유대인들을 죽음에서 건질 수 있을 만큼의 돈이 되었을 텐데… 전쟁이 언제 끝날 지만 알았더라도 더 많은 일을 할 수 있었을 텐데… 하지만 그 때는 이미 늦었다.

오스카 쉰들러는 영웅이었다. 그는 제2차 세계대전 중에 다른 어떤 인물보다도 많은 사람들의 생명을 구했다. 하지만 흥미롭게도 그가 회상할 수 있었던 것이라고는 그가 하지 않았던 일에 대한 후회가 전부였다. 그는 더 많은 일을 했기를 바랐다.

우리는 이 예를 통해 헌금에 대해 많은 교훈을 배울 수 있다. 왜냐하면, 넉넉하게 베풀었던 그리스도인조차도 자신의 삶을 회상하며 더 많이 헌금할 수 있었다고 후회하게 될지도 모르기 때문이다. 한번도 씨를 뿌려본 적이 없는 사람들이라면, 평생 사용한 재정에 대해 답해야 할 때에 얼마나 지독하게 후회하게 될지를 상상해 보기 바란다.

우리가 지금 가난에 대한 두려움이 우리를 지배하도록 허용한다면, 모든 것을 잃게 될 그때는 훨씬 더 큰 두려움에 빠질 수밖에 없을 것이다. 그러나 우리가 지금부터 지혜롭게 생각해서 피할 수 없는 두려움과 후회에 대비하기 시작한다면, 결국 두려워할 것은 아무것도 없을 것이다.

경제학 원론

나의 좋은 친구, 마이크 켄드릭(Mike Kendrick)은 성장하는 회사에 자본을 빌려주는 투자은행을 경영한다. 인터넷이 한창일 때, 그 은행은 북 애틀랜타 지역에서 수십 명의 직원을 채용했고 사무실도 넓은 곳으로 이전했다.

마이크는 청지기로서의 자기 역할을 매우 진지하게 받아들였다. 그래서 경기가 좋을 때, 어떻게 자기 재산을 하나님 나라를 위해 투자할 수 있을까를 생각하며 많은 시간을 보냈다. 마이크는 넉넉하게 헌금했을 뿐만 아니라 기발한 아이디어도 생각해 냈다. 경영주로서의 자신의 지위를 사용해서 '초보적인 단계에 있는 사역들이 독립할 수 있도록 도와주면 어떨까' 라는 아이디어였다. 우선, 마이크는 몇 몇 사역 팀이 사무실의 빈 공간을 이용할 수 있도록 했다. 그 결과, 그들은 총 경비에서 매월 수천 달러를 절약할 수 있었다. 하지만 마이크는 거기서 멈추지 않았다. 마이크는 자신의 경영 마인드를 이용해서 그 아이디어를 공식적인 경영 모델로 고안해 냈고 그것을 수출하기 시작했다. 그래서 다른 그리스도인 경영주들에게 그들이 가진 자원으로 동일한 일을 할 수 있다는 확신을 주었다. 어떤 이들은 사무실 공간을 내주었고, 어떤 이들은 회계, 법률, 행정 등의 값비싼 서비스를 기증했다.

오래지 않아, 수십 개의 사역 팀이 하나님을 섬기는 비전을 현실화하는 도움을 얻고자 '사역 벤처'(Ministry Ventures)에 등록했다. 마이크와 그의 꿈, 즉 하나님 나라를 위해 자원을 투자하고자 하는 꿈 덕분에 많은 사역 팀들이 존재하게 되었다.

그 후 예기치 못했던 일이 발생했다. 마이크가 살아남기 위해 경영 모델을 개정해야 할 상황이 된 것이다. 하지만 마이크는 재정상의 최악의 상황에서도 하나님의 섭리하심과 보호하심을 경험했다. 마이크는 호된 시련의 시기를 지나면서 하나님의 임재를 느꼈다. 그는 궁극적으로 모든 일은 풀리게 되어 있다는 것을 마음으로 깨달았다. 결국, 마이크는 관대함과 선한 청지기 정신 덕분에 경제의 창조주이신 하나님을 경영 파트너로 초정했다. 그에게는 두려울 것이 없었다.

마이크는 재정적으로 그리고 영적으로 거뜬히 어려움을 면했다. 비록 순자산은 현저히 줄었지만, 믿음은 어느 때보다 강해졌다. 마이크는 남은 재산을 면밀히 조사하면서, 일부 투자처가 이러한 경제상황에서도 큰 배당금을 지불하고 있다는 사실을 발견했다. 그 투자처들은 바로 그가 하나님 나라 사역을 위해 투자했던 곳이었다.

마이크는 새로 시작한 수십 개의 사역들이 넉넉한 시기에 베풀었던 관대함 덕분에 번영하고 있음을 알게 되었다. 그리고 마이크가 자기 힘으로 유지하려 했던 일들은 절반이나 그 이하로 줄었음을 발견했다. 하지만 그가 기부했던 모든 일들은 번영했다. 넉넉하게 씨 뿌리는 농부처럼, 마이크는 자기가 건강한 황금들녘으로 둘러싸여 있는 것을 발견했다. 가뭄과 같은 경제난을 극복하고 추수의 때를 기다리는 밀밭 말이다.

마이크는 "자기 생명을 사랑하는 자는 잃어버릴 것이요 이 세상에서 자기 생명을 미워하는 자는 영생하도록 보존하리라."(요 12:25)는 예수님의 말씀을 여러 방면에서 실현했다. 마이크는 일시적인 것 너머에 있는 영원한 것을 바라

봄으로써 영원히 존재하는 것을 위해 심는 용기를 발견했다. 그는 '남에게 베푼 것은 절대 잃어버리지 않는다.'는 심오한 진리를 발견했다. 하나님 나라에 투자된 돈은 그 즉시 경제 위기가 영향을 미칠 수 없는 곳으로 보내진다. 이것이야 말로 모든 투자 중에서 가장 안전한 투자인 것이다.

재정적인 불확실성은 현실이다. 우리가 모든 노력을 기울여 아무리 돌발사태로부터 스스로를 보호하고자 할지라도, 우리 중 아무도 경제적 재난에서—그것이 개인의 차원이건 회사의 차원이건 간에—면제될 수 없는 것이 현실이다. 예상치 못했던 재난이 발생하면, 우리도 영향을 받는다. 우리의 순 자산과 미래의 수입이 충격을 받는다. 모든 것이 쉽게 손에 들어올 것 같은 시기에는, 우리가 혼자가 아니라는 확신을 얻고 싶어 한다. 재정적인 염려들을 하늘에 계신 아버지께 맡기면 그분께서 정말 우리를 권고하시리라는 것(벧전 5:7)을 확실히 알고 싶어 한다.

미래의 확실성은 현재의 관대함에 달려 있다. 당신이 현재 기꺼이 하나님 나라에 투자한다면 하나님은 당신의 현재와 미래의 재정에 간섭하신다. 할 수 있을 때 넉넉하게 씨를 뿌려야 하는 이유가 바로 이 때문이다. 하지만 그것은, 마이크 켄드릭의 모험이 잘 증명해 주듯, 반쪽짜리 이야기에 불과하다.

개인적인 평안 너머에는 기쁨이 있다. 개인적인 평안은 경제 위기 때에 우리가 혼자가 아님을 아는 것에서 비롯되고, 기쁨은 우리의 부가 이 세상의 경제 위기에 의해 영향을 받지 않음을 아는 것에서 비롯된다. 우리의 개인적인 영역 너머에 투자된 것은 모두 영원한 열매를 맺는다.

나에게는 데이비드 윌스(David Wills)라는 또 다른 친구가 있다. 그는 사람들에게 넉넉히 베푸는 사람이 되는 법을 가르쳐주는 기구에서 일한다. 데이비드는 자기가 3억 달러어치의 순 자산을 가진 83세 노신사와 나눴던 대화를 들려주었다. 데이비드는 이 노인이 헌금의 두려움을 극복할 수 있도록 힘써 도왔다. 하지만 그 노인은 자기가 열심히 번 돈을 내놓으려 하지 않았다. 데이비드는 그 노인이 자기 재산의 1/3까지 나눠준다 할지라도 그에게는 여전히 엄청난 양의 재산이 남아 있다는 사실을 최선을 다해 알려 주고자 했다. 그러자 그 노인이 데이비드에게 이렇게 말했다. "젊은이, 자네는 경제학에 대해 한두 가지 더 배워야 하겠군. 나는 대공황을 거쳤다네. 당시 나는 부유한 사람이었지. 하지만 나는 3억 달러의 재산이 하룻밤 새 물거품처럼 사라지는 것을 보았다네."

그는 두려웠다. 그에게는 그럴 만한 이유가 있었다. 데이비드는 순간적으로 할 말을 잃었다. 데이비드의 첫 번째 의도는 그 남자가 계속해서 일하고 저축하도록 격려하는 것이었다. 나중에 데이비드는 그 남자의 이야기가 자기의 상황에 대해 다소 두렵게 느끼도록 만들었다고 솔직하게 털어놓았다. 3억 달러를 가진 사람이 안전하지 못하다면, 과연 누가 안전하겠는가?

하지만 데이비드는 그 노인에게 다음의 생각에 대해 신중히 고려해 달라고 부탁했다. "1929년의 경제 재앙이 발생하기 직전에 당신의 재산 중 절반을 헌금했다면 당신이 오늘 어떻게 느낄지를 상상해 보십시오." 그 노인은 잠시 동안 생각해 보더니 미소 지었다. 그리고는 데이비드에게 하나님 나라를 위해 일하는 비영리 단체들을 위해 거액 수표를 끊어 주었다. 그날 그 노인은 자기 재산의 8퍼센트를 헌금했다. 그리고 2년 후 세상을 떠날 때, 그는 나머지 재산 전부를 헌금했다.

이 책을 읽고 있는 지금 이 순간, 당신은 매우 좋은 기회를 맞이했다. 펜을 까딱하기만 하면 하늘에 계신 아버지를 당신의 재정 세계로 초청할 수 있다. 당신의 재산은 개인적인 혹은 국가적인 비극에도 영향을 받지 않는다는 보증과 함께 말이다.

두려워할 것이 무엇인가?

헌금의 기쁨

당신이 나와 같다면, 당신은 자기가 '두려움 없는 헌금'을 얼마나 잘 이해하고 있는지 궁금할 것이다. 누군가가 기준을 제시하면, 우리는 자기가 어느 수준에까지 미치는지를 알고 싶어 한다. 그러므로 나는 당신이 '두려움 없는 헌금'의 핵심이 무엇인지를 명확하게 알기 원한다.

우리는 이미 백분율에 대해, 그리고 당신이 이 여정에서 어느 정도까지 성숙했는지를 측정할 수 있는 다른 방법들에 대해 논의했다. 하지만 나는 그것들이 '두려움 없는 헌

금'의 핵심을 이해하는 데 방해가 되게 하고 싶지 않다. 당신도 알다시피, '4Ps'는 좋은 지침이 된다. 하지만 두려움을 떨쳐낸 행동에 대한 최종 보답은 재정적인 관점에서 측정할 수 있는 것이 아니다. 헌금에 대한 두려움을 극복하는 최고의 영예는 헌금의 기쁨을 경험하기 시작한 순간이다. 만약 내가 당신에게 쏠 수 있는 과녁을 준다면, 그것이 바로 이 과녁일 것이다. 처음에 언급했던 것처럼, 그것은 몇 퍼센트냐, 몇 달러냐의 문제가 아니다. 그것은 마음가짐의 문제이다. '두려운 마음'의 반대말은 당신이 생각하듯이 '용감한 마음'이 아니다. '기쁜 마음'이다.

기쁨을 측정하는 데 이보다 더 좋은 방법이 없다. 당신이 헌금의 기쁨을 경험하기 시작할 때, 당신은 자기가 두려움을 극복했다는 사실을 알게 된다. 이 일은 즉각적이지 않을 수도 있다. 너무나 점진적이어서 눈치 채기 힘들 수도 있다. 하지만 재정적인 충격이 올 때의 스릴이 당신을 사로잡아 기쁨으로 채울 때, 당신은 조금씩 목표에 도달했다는 것을 깨닫게 될 것이다.

전 세계적으로 볼 때, 교회는 성경의 명령을 성취하기 위해 기꺼이 헌금하고자 하는 사람들로 가득하다. 그 목적은 하늘에 계신 아버지의 친밀한 재정 파트너로서 살아가는 기쁨을 발견하기 위해서이다. 우리가 그렇게 할 때 헌금은 열정으로 가득 찬 흥미진진한 예배가 된다. 헌금은 '해야 하는 것'이 아닌 '하고 싶은 것'이 되어야 한다. 그러기 위해서 우리는 끝까지 두려움과 싸워야 할 것이다.

당신에게 묻고 싶다. "당신에게 헌금은 열정인가? 예배로 느껴지는가? 기쁨을 주는가?"

당신이 위의 질문들에 대답하는 방식이 두려움에서 기쁨으로 가는 여정 중에서 어디쯤 와 있는지를 알려 줄 것이다.

뜻밖의 자선가

도널드 라우어(Donald Rauer)는 헌금에 후한 사람은 아니었다. 대형 제조회사의 중간급 간부였던 그는 돈을 벌기 위해 열심히 일했다. 그는 주당 60시간 동안 그의 부서에서 마술처럼 일했다. 그의 자신의 땀과 피를 만병통치약으로 바꾸어 매년마다 그의 부하 직원이 회사에서 최고의 생산자가 되도록 동기를 부여했다. 25년간 일해 온 도널드는 회사의 생산력에 있어서 중추적 인물이었다. 그는 '고된 노동-정당한 대가'의 상관성을 굳게 믿는 사람이었다. 그는 부하 직원들에게 "공짜 점심은 없다."며 전진하라고 격려했다. 같은 팀원들이 성공에 대한 충분한 보상을 받는 것도 당연한 일로 여겼다.

도널드는 이제까지 그가 성취했던 모든 것에서 열심히 일했다. 그는 학교에서는 체구가 작은 운동선수였지만, 학비의 대부분을 충당할 수 있는 풋볼 장학금을 받기 위해 온몸을 던졌다. 나머지 학비는 캠퍼스 근처의 가구 가게에서 일해서 벌었다.

도널드는 디킨스(Dickens) 소설에 나오는 구두쇠처럼, 자선을 위한 여지가 없는 경제 철학에 몰두했다. 그러던 어느 날, 도널드는 그의 인생을 바꿔 놓을 전화 한 통을 받았다. 도널드의 유일한 친척인 마이크(Mike) 아저씨가 지병이었던 폐기종(emphysema)과 씨름하다가 세상을 떠났다. 도널드는 엄청난 유산을 받게 되었다. 하지만 그것이 그의 인생을 바꿔 놓은 것은 아니었다. 마이크 아저씨의 부동산을 처리하던 유언집행인이 유언장에 좀 색다른 문구가 들어 있다고 설명해 주었다. 자신의 죽음이 임박했음을 안 마이크 아저씨는 자산의 절반을 떼어서 특별 기금을 세웠지만, 그 기금의 수혜자를 지정하지 않았다. 당시 그 기금은 1백만 달러에 가까웠다. 마이크 아저씨는 언제나 도널드의 직업 윤리의식과 판단력을 존중해 왔다. 그래서 유언을 남기면서 도널드를 재단의 위탁관리인으로 지명했다. 이제 1백만 달러에 가까운 돈을 어떻게 분배할지는 도널드에게 달려 있었다. 아저씨의 유언에 의하면 그에게는 그 돈을 관리할 수 있는 12년이 주어졌다.

처음에 도널드는 그 위탁을 거절하려고 했다. 그리고 무시하려고 했다. 하지만 곧 대안이 마땅치 않다는 것이 명백해졌다. 만약 그 일을 도널드가 하지 않는다면 누군가 다른 사람이 하게 될 것이었다. 그가 할 수 있는 최소한의 일은 아저씨의 유언을 이뤄드리는 것이었다. 그래서 도널드는 몇 개월을 고민한 끝에 마지못해 새로운 직무를 수락하게 되었다.

돈의 가치를 너무나 잘 알고 있던 도널드는 감춰있던 자선사업을 끈질기게 조사했다. 그는 각 지원자의 활동을 빈틈없이 조사해서 그들을 탈락시켜야 할 이유를 찾아냈다. 결국, 나무랄 데 없이 훌륭한 단체 몇 개를 선정했다. 도널드는 자신의 패배를 인정한다는 듯이 각 단체에게 소액씩 분배하기 시작했다. 그런데 다음에 일어난 일은 기적과도 같았다.

  도널드는 그 후 몇 달 동안, 자기가 마지못해 준 헌금 덕분에 사역들이 성취되고 있다는 보고서를 받기 시작했다. 굶고 있던 사람들이 음식을 먹게 되었다. 버려진 아이들이 의료 서비스를 받게 되었다. 떠돌이 농부들이 새로운 작물을 경작하는 방법을 배워서 농촌을 부양하게 되었다. 도널드는 처음에 별 다른 관심을 보이지 않았다. 하지만 기금 수혜자들이 그 해에 어떻게 사역했는가를 추적해 가던 중에 그의 딱딱한 껍질은 부드러워지기 시작했다. 급박한 필요가 발생하면, 도널드는 도와주기 위해 재단의 자원을 다시 나눠주곤 했다. 도널드는 헌금이 어떻게 사용되었는가를 한눈에 알아보기 위해 연감을 만들기 시작했다. 오래지 않아 그는 넋을 잃고 말았다.

  긴 이야기를 짧게 말하자면, 도널드는 여름마다 자비량 구조대원으로 봉사하기 위해 다니던 회사에 비(非)상근 근무를 요청했다. 그는 자신이 섬기는 가족들과 형제처럼 지내면서 큰 즐거움을 발견했다. 그들은 몇 년 동안 사진과 편지를 주고받았다. 결국, 도널드는 제3세계 사람들을 미국으로 초청해서 일 년간 농업기술을 배우게 하는 '교환 프로그램'을 개척했다. 도널드는 그들을 종종 자기 집으로 초청하기도 했다.

도널드의 구제 사역은 8년 동안 상승작용을 낳았다. 도널드는 해가 갈수록 더 많은 시간과 더 많은 기금을 쏟았다. 그의 열정 덕분에 마이크 아저씨의 유언은 4년이나 앞당겨서 성취되었다. 돈이 바닥나자 그는 생각지도 못했던 일을 했다. 자신의 돈을 재단에 송금하기 시작했던 것이다. 도널드는 증가하는 자선 사업의 감가상각을 상쇄하기 위해 자기 부동산의 일부를 떼어 재단을 위한 기부금으로 기증했다. 그리고 계속되는 사역을 후원하기 위해 회사에서 받는 봉급과 연금의 대부분이 구제 사역을 위한 활동비로 들어갔다. 도널드는 매년마다 회사에서는 9개월을 일했고, 나머지 3개월은 새로 발견된 소명을 위해 온전히 드렸다.

도널드는 결국 71세에 회사에서 은퇴했다. 그리고 그 후 15년 이상을 재단의 사역에 적극적으로 동참했다. 그는 죽을 때까지 궁핍에 처한 사람들에게 긍휼을 전하는 데 온전히 몰두했다. 도널드의 인생에서 가장 놀라운 일은 그가 헌금을 통해 미친 영향력이 아니라 헌금이 그에게 미친 영향력이다.

아저씨의 재산을 분배하기 위한 도널드의 탐색에는 두려움이 없었다. 그것이 그의 돈이 아니었기 때문에 그 돈을 쓰는 것이 그에게 개인적으로 어떤 영향을 미칠까에 대해서 염려하지 않았었다. 그래서 도널드는 재정상의 균형이 깨질 것을 두려워하지 않은 채, 우리 모두가 경험하기 원하는 '헌금의 순수한 기쁨'에 순식간에 매료되었다.

당신이 다른 사람의 돈을 기부해야 할 책임을 맡게 되었다고 잠시 상상해 보라. 당신이 사용하는 것은 허용되지 않고, 오직 어디에 보내져야 하는가만 결정할 수 있다. 그런 생각을 하다보면, 자선사업에서 즐거움을 발견하리라는 것을 상상하기는 그리 어렵지 않다. 누가 과연 정말 궁핍한 사람에게 절대적으로 필요한 생명 줄이 되려 하지 않겠는가? 어떤 사람이 과연 자기가 이 세상에서 중요한 일을 한 것을 알면서도 좀더 편히 자려 하겠는가?

그러나 우리의 소유물에 대해 합당한 관점을 갖는다면, 그것이야 말로 우리가 스스로를 발견할 수 있는 상황이 된다. 우리는 누군가의 돈을 가지고 있고, 우리에게는 그 돈을 어디로 보낼지를 결정할 수 있는 기회가 있다. 억제할 수 없는 기쁨과 우리 사이에 존재하는 것은 그 현실을 받아들이고 스스로를 기독교 자선 사업에 던지는 것이다.

농부가 씨앗을 모으는 것은 소비나 저장을 위해서가 아니다. 그는 그저 씨앗을 어디에 심을지를 결정한다. 씨앗이 땅 속에 단단히 뿌리내려서 더 이상 돌이킬 수 없는 상황이 될 때에야 비로소 추수 때가 돌아온다. 기쁨을 깨닫게 되는 것도 이와 같다. 이 세상에서 아직까지 기금 수혜자를 발견하지 못했다면, 당신은 피조물로서 마땅히 알아야 할 기쁨을 스스로에게서 박탈하고 있는 것이다. 씨앗으로 할 수 있는 합리적인 씨 뿌리는 일을 두려움 때문에 하지 못하고 있다면, 추수를 놓치게 될 것이다.

당신은 비자발적인 자선가일 수도 있다. 그러나 다음과 같이 생각해 볼 것을 권한다. "관대함을 시들하게 만드는 두려움을 극복해 보라. 두려움 너머에는 기쁨의 추수가 기다리고 있다." 당신의 재정을 묘사한 광경을 상상해 보라. 불길한 봉우리와 생명 없는 계곡을 지나면 이 여행에 참여한 누구에게나 굽이굽이 황금들녘이 펼쳐진다.

에필로그

제레미아 클래리는 현관 앞에 있는 오래된 참나무 흔들의자에 등을 기댔다. 아침 햇살이 황금빛으로 반짝이는 끝없는 밀밭을 지나 그의 앞까지 이어졌다. 초가을 공기가 상쾌했다. 수백만 개의 이슬방울이 태양광선을 일곱 가지 빛깔로 만들면서 밀밭에 화사한 다이아몬드 옷을 입혀주었다. 가벼운 산들바람이 부드럽게 밀밭을 휘저으면 굽이굽이 파도가 생기는데, 그 모양은 마치 해안에 밀려오는 황금빛 물결이 부서지는 것 같았다. 제레미아는 기쁨에 겨워 미소 지었다.

제레미아는 6개월 전의 고통과 근심의 나날을 회상했다. 그리고 인생 그 자체가 균형 잡힌 듯 보였던 그 특별한 아침도 생각했다. 제레미아는 바람에 날려 먼지로 뒤덮힌 창고에 뒤죽박죽 처박혀 있던 자신의 모습을 그려보았다. 마치 어미닭이 잔뜩 긴장해서 알을 품듯이 씨앗 주머니 위에 앉아있었다. 파종하는 시기가 끝나기 전이었고, 씨를 뿌리기에는 완벽한 조건이 갖추어졌다. 하지만 제레미아는 창고에 자물쇠를 채웠고, 창고 문도 정신적 빗장으로 굳게 닫아버렸다. 이성을 유지하려고 애쓰던 시기였다.

그 때부터 제레미아의 오랜 친구들은 포기하고 캘리포니아로 떠났다. 남은 친구들은 농업 이외의 일거리를 찾았다. 하지만 제레미아는 한 번 더 쟁기를 잡기로 결심했다. 검은 돌풍에 대한 두려움이 여전했지만, 용기를 내어 한 번 더 희망을 갖고 밭에 씨를 뿌렸다. 그리고 오늘이 바로 추수 날이었다.

제레미아는 마세이-퍼거슨(Massey-Ferguson) 종을 개발하면서 하퍼 카운티(Harper County)에 남아 있는 기록 중에 가장 열매가 많이 열렸던 작물을 조사했다. 이는 마치 황금 단지 안으로 질주하는 것과 같았다. 추수 날, 씨 뿌린 농부들은 최악의 두려움에서 살아남았다. 먼지 폭풍의 위협에 위축되어 씨를 뿌리지 않았던 사람들에게는 소출 없는 밭과 빈손만 남았다.

제레미아는 깊은 숨을 들이쉬고, 마치 면류관을 쓰듯이 가죽 모자를 눈썹까지 눌러썼다. 평평한 지평선 덕분에 시야에 들어오는 모든 지경에서 밀밭을 볼 수 있었다. 두려움은 어디에서도 찾아볼 수 없었다.

국제제자훈련원은 건강한 교회를 꿈꾸는 목회의 동반자로서 제자 삼는 사역을 중심으로 성경적 목회 모델을 제시함으로 세계 교회를 섬기는 전문 사역 기관입니다.

헌금의 기쁨

초판 1쇄 발행 2005년 9월 23일
초판 10쇄 발행 2023년 1월 31일

지은이 앤디 스탠리
옮긴이 구지원

펴낸이 오정현
펴낸곳 사랑플러스
등록번호 제2002-000032호(2002년 2월 15일)
주소 서울시 서초구 효령로68길 98(서초동)
전화 02)3489-4300 **팩스** 02)3489-4329
이메일 dmipress@sarang.org

ISBN 89-90285-19-4 03230

※ 책값은 뒤표지에 있습니다. 잘못된 책은 구입하신 곳에서 교환해드립니다.